02

SNS와 고양이

동네고양이 돌봄 활동을 시작한 이후로
내 시선은 점점 아래로, 더 구석진 곳으로 향한다.
자동차 밑에 숨은 고양이를 쉽게 발견하고, 어느
동네를 가도 잡동사니 사이 숨겨진 스티로폼 박스
와 사료부터 눈에 들어온다.

　　여느 때처럼 작고 둥그런 형체만 보면 예사롭게 지나치지 못하던 어느 날, 빌라 1층 주차장 안쪽에 앉아있는 고양이 한 마리를 발견했다. 녀석은 나와 눈이 마주치자마자 알은체라도 하듯 쪼르르 다가왔다. 익숙하게 사람에게 뭔가를 바라는 모습에 급히 집에 가서 닭가슴살을 챙겨 왔다. 숨어 있던 다른 고양이들도 그제야 슬며시 모습을 드러냈다. '여기에도 애들이 이렇게 잘 살고 있었네.' 주민의 돌봄으로 그곳에서 지내는 고양이는 네 마리쯤이며, 내게 다가왔던 그 애의 이름이 댕댕이라는 걸 알게 된 것도, 그 이름 참 댕댕이와 잘 어울리네 생각했던 것도 나중의 일이다. 녀석의 눌러진 듯한 코, 무심한 움직임, 그럼에도 매번 내게 달려와 주는 모습이 보고 싶어 우리 동네 아이들을 돌보는 틈틈이 몇 블록 떨어진 그곳을 오갔다.

시간이 지나면서 알게 된 건 나 말고도 댕댕이네를 찾아오는 사람이 꽤 많다는 거였다. 어떤 날은 고양이들을 보러 몇 팀이나 모이는 진풍경이 펼쳐지기도 했다. 고양이들이 많은 사람에게 사랑을 받는 사실이 다행스럽기도 했지만, 애들이 하루에 몇 개의 츄르를 먹을지 가늠하다 보면 내심 걱정되었다. 늘 최악의 상황을 염두에 둬야 하는 고양이 돌봄 활동가의 숙명이었다. 보름에 한 번쯤 댕댕이를 보러 갈 때마다 매번 상황은 변해 있었다. 못 보던 까망이가 나타났고, 흰둥이의 배가 불러 있었고, 어떤 때는 댕댕이의 털이 심하게 엉켜 있었다. 이번에는 또 무슨 일이 생겼을까 하며 바짝 신경을 곤두세운 채 빌라에 들어섰던 어느 날, 구석 자전거에 매달린 수첩 하나를 발견했다.

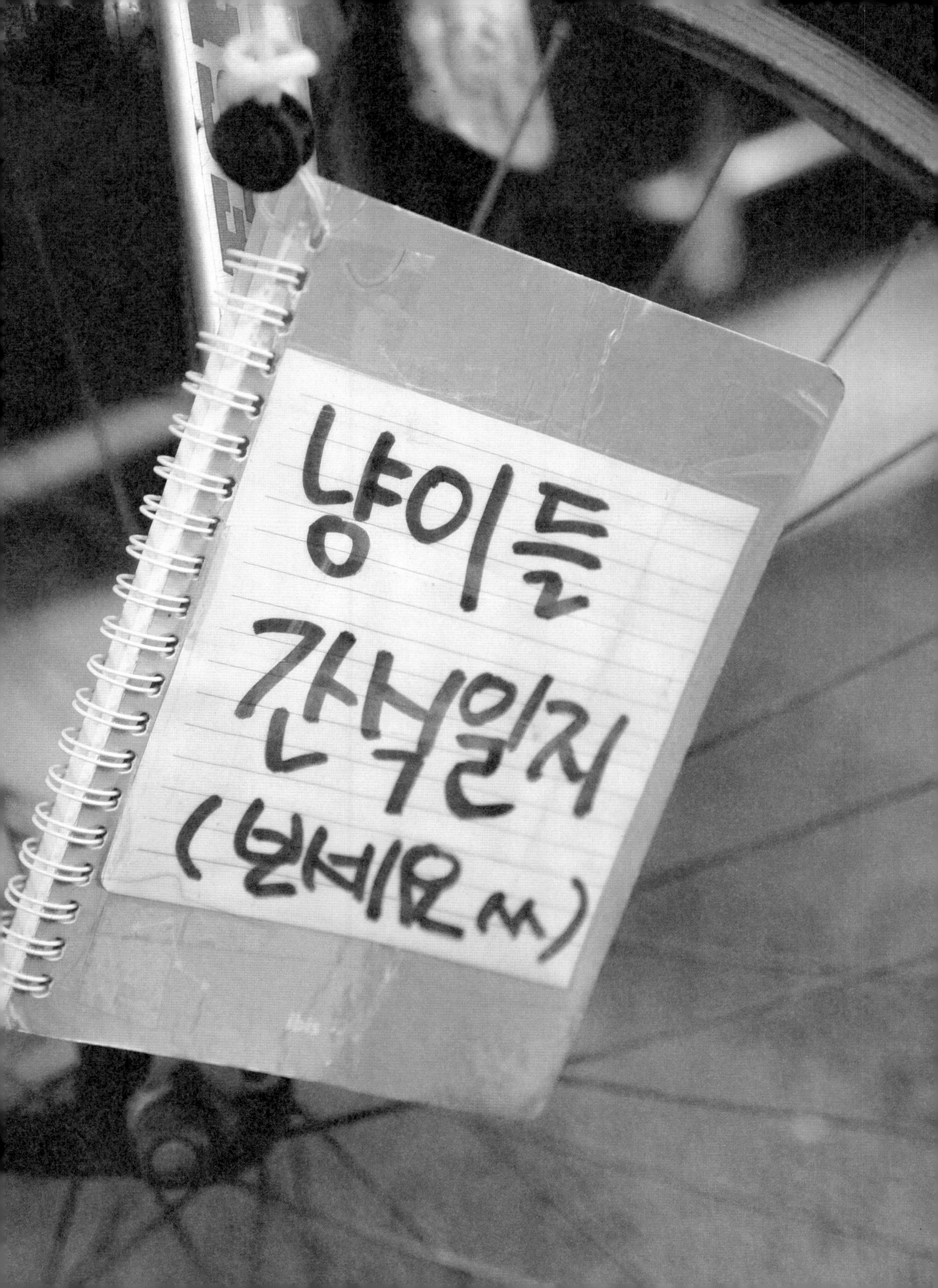
냥이들
간식일지
(보세요ㅆ)

"냥이들 간식 일지"

표지에 적혀있는 글자를 보자마자 잔뜩 웅크렸던 긴장감이
녹아내렸다. 첫 페이지에는 그곳에서 지내고 있는 고양이들의
소개와 함께 이렇게 쓰여 있었다.

"냥이들 건강하게 잘 살아가도록 관심과 사랑 부탁드려요.
매일 간식은 하루 한 번 정도가 적당합니다.
많이 먹으면 아파요."

그 뒤로는 언제, 누가, 어떤 간식을 먹었는지 알 수 있게 날짜
순으로 기록되어 있다. 들뜬 마음을 진정시키며 수첩을 몇 번
이나 읽었다. 그간 까망이와 댕댕이가 아파 약을 먹어야 했고,
일지를 쓰기 시작한 사람은 한 달 동안 거의 매일같이 츄르와
약을 먹인 모양이다. 나도 얼른 펜을 들었다.

"댕댕, 까망, 나비 닭가슴살 2팩씩, 캔 조금씩 먹음."

수첩을 내려놓고 보니 옆에는 "츄르 넣는 곳"이라고 적힌 비
닐백이 함께 매달려 있었다. 닭가슴살 몇 팩을 조심스레 넣었
다. 도대체 누가 이렇게 다정하고 사려 깊은 일을 꾸민 걸까.
급식소에서 마주친 몇몇 얼굴을 떠올렸다.

수첩을 본 이상 다른 사람의 흔적이 기대되어 참을 수가 없다. 다음날 곧장 빌라에 도착하자마자 누군가 놓고 간 커다란 비닐봉지를 발견했다. 봉지 가득 북어포, 캔, 트릿, 츄르까지 간식이 다양하게도 들어 있었다. 이제껏 동네고양이 돌봄 활동을 하며 매일 같이 급식소로 향할 때마다 내 어깨를 뻣뻣하게 만들었던 건 두려움과 조바심이었다. 밥그릇이 없어졌으면 어쩌나, 사료에 수상한 게 섞여 있으면 어쩌나 하는. 내게 타인의 흔적은 위험에 가까운 것이었다. 그런데 급식소에서 다른 사람의 흔적을 보고 안도하고 기뻐할 수 있다니, 그런 일은 상상하지 못했다. 며칠 뒤에는 새로운 글씨체까지 등장했다.

"댕댕이 아픈가요? 며칠째 안 보이네요."

그 뒤로는 드문드문 이런 내용이 이어진다.

"댕댕이 오늘 봤는데 잘 있는 것 같아요."

9/1	까망, 나비,댕댕 츄르먹음
9/2	까망이 츄르→약 O
9/3	까망, 나비 댕댕 츄라우개로 내개
9/5	까망이 (츄르)
9/9	츄르먹음 (소금)
9/21	댕댕, 까망, 나비 ①닭가슴살 2팩씩 먹음
	②캔조금
9/22	댕댕, 까망 →닭가슴살 1개씩.
	(건네 댕댕이, 까망이가 아팠나요?)
	까망 → 어떤분이 두고 가신 북어포S
	몇개 먹였어요.
9/26	댕댕, 까망, 나비 / ~~동훈 동훈~~
	간식 다먹음 다음에 먹이오록
	+츄르 2개
9/29	댕댕이 아픈가요?
	며칠째 안보이네요 ㅠ.ㅠ
9/30	댕댕이 오늘 봤는데 잘있는 것같아요.
10/6	댕댕, 까망, ~~동훈~~ 하얗고 작은 나비
	닭가슴살 2팩씩

서로의 흔적을 발견하고 안심하는 건 나만이 아닌 게 분명하다. 댕댕이네 구역에 오는 사람들은 각자 동기도, 방문 빈도도, 시간대도 모두 다르다. 어떤 사람은 매일 골목을 지나는 김에 들르기도 하고, 나처럼 간헐적으로 방문하는 사람도 있다. 일부러 버스를 타고 찾아오는 초등학생들도, 고양이 털 알레르기 때문에 간식만 사다 두고 가는 사람도 있다. 고양이를 만나는 시간이 길어질수록 커지는 사랑과 그에 비례하는 걱정은 모두가 비슷할 거다. 혼자만의 걱정은 조금 고독한 일이다. 그러나 간식 일지를 열어 고양이들이 잘 살아가기를 바라는 사람이 이렇게나 많다는 걸 확인하고 나면 더 이상 혼자만의 일이 아니라는 걸 깨닫게 된다. 혼자의 힘으로는 어쩔 수 없었던 막막함과 미약함이, 간식 일지의 등장과 함께 '우리가 할 수 있는 일'에 대한 선명함으로 바뀌었다.

남들에게 부탁하는 게 어려워 최대한 아쉬운 소리 안 하며 살아가고 싶은데 동네고양이를 돌보면서 누구보다 아쉬운 소리를 많이 하며 살아간다. 고양이 돌봄 활동을 하며 알게 된 동네 어르신들과 연락을 나누는 게 여전히 어색하지만 이 일은 타인의 도움 없이는 너무나 힘든 일이라는 걸 잘 안다. 우리는 당연하게 서로에게 부탁을 하고, 받는다. 함께 겨울집을 설치하고, 중성화를 진행하고, 아픈 고양이를 포획해서 병원에 데려간다. 혼자서는 벅찬 일들이 우리의 일이 되는 순간 훨씬 할 만해진다.

간식 다먹음 다음에
+ 춘르, 2개

9/29 멍멍이 아픈가요?
며칠째 안보이네요 ㅠ.ㅠ
9/30 댕댕이 오늘 봤는데 잘 있는
10/6. 댕댕, 까망. 둘호 하양고 지
닭가슴살 2

급식소 옆에 비스듬히 서서 간식 일지를 썼을 사람들의 모습을 상상한다. 나처럼 때론 막막했을 것이고, 급식소에서 만난 낯선 사람에게 뭔갈 같이 해보자고 연락처를 묻기가 부담스러웠을지도 모른다. 그러나 이제는 간식 일지를 쓰고, 고양이들에 대한 걱정을 공유하며 조금 가벼운 마음으로 돌아갈 것이다. 고양이의 세계를 통해 연결되어 있는 잘 모르는 사람들이 서로에게 느끼는 든든함은 이런 것이다. 혹시 모를 나쁜 일이 생겼을 때 손만 뻗으면 닿을 수 있는 사람들이 있다고, 여기 이렇게 다양한 글씨로 존재한다고 확인하는 것. 잘 알지도 못하는 사람을 의지하고, 돕는 일이 이 세계에서는 너무도 자연스럽다.

에필로그

그동안 간식 일지를 쓰기 시작하신 분을 애타게 찾고 있었는데, 이 글을 쓰는 동안 드디어 그분을 만났다. 새끼였던 까망이가 아파서 병원에 데리고 가셨고, 약을 먹이며 간식 일지를 쓰기 시작하셨다고 한다. 예전부터 고양이들이 간식을 너무 많이 먹는 게 걱정이 되었다고. 이 작은 수첩으로 소통하는 일이, 많은 사람의 작은 선의로 고양이들이 잘 살아가는 일이 꼭 동화 속 한 장면처럼 귀하게 느껴진다. 그리고 때로는 소수의 극진한 돌봄보다 다수의 작은 관심이 동네고양이들의 삶을 훨씬 낫게 만들어준다고 믿는다. 그편이 이 세계를 더 오래오래 지켜줄 거라고 생각한다.

손민지
작가. 《달리는 여자, 사람입니다》 등을 썼다. 냥파트의
캣언니로 활동하며 동네고양이들을 돌보고 있다.
instagram @son_geowool
photo 헌이비

들어가며

잡지를 만드는 것은 소설을 짓거나 영화를 만드는 것 혹은 건물을 세우는 것과 다르다. 물론 당연한 말이다. 건물의 구조를 만들고 소설이나 영화의 플롯을 엮는 것은 책을 만드는 것과 어느 정도 닮았다고 생각했다. 그러나 잡지는 조금 결이 다르다. 초반에 설계 도면 같은 기획이 있긴 하지만 그렇다고 모든 것을 처음 기획대로 관리하고 감독하면서 만들어 나갈 수 있는 것이 아니라는 것을 창간호를 만들면서 알게 됐다.

질문지를 준비하고 인터뷰 대답이 모여서 하나의 기사가 완성된다. 그리고 외부 필진의 고민이 녹은 글을 받는다. 이렇게 얻은 목소리 조합은 처음 상상했던 집과 전혀 다른 모습이 된다. 그렇다고 이 집이 이상하거나 안전성이 떨어지는 것이 아니다. 편집국의 연결과 조율을 통해 잡지는 우연을 가장한 현시대를 담는 새로운 집이 된다.

SNS라는 시의적절한 주제 안에서 우리는 느슨한 연대와 대상화를 읽어내고자 했다. 채은영 기획자의 말처럼 납작해질 수밖에 없는 SNS에서도 어떤 풍성한 문화 흐름을 보려고 했다. 일례로 트위터 동물권 활동 계정의 쪽파까기가 그러했고 동물권 활동은 아니지만 퀴어가 온라인상에서 목소리 낼 수 있었던 닷페이스 온라인 퀴어퍼레이드가 또한 그러했다. 그러나 기준 없이 모든 것이 가능한 온라인은 문화를 어지럽게도 한다. 다큐멘터리 영화 〈고양이에게 밥을 주지 마세요〉에 가한 평점 테러와 같은 일이다. 이에 대한 김희주, 정주희 감독의 목소리를 직접 들어 볼 수 있었다. 또한 SNS에서 동물의 의사와 상관없이 너무 쉽게 벌어지는 대상화 현상에 대해서도 고민했다. 동물권행동 카라의 권나미, 평화 활동가와 함께 SNS에서 대상화에 관한 심도있는 이야기를 나누고 만든 〈탁! 테스트〉는 생각의 지평을 넓혀준 계기가 됐다. 동물권 카라 활동가인 권나미 님, 커뮤니케이션 학자인 이진 님의 목소리를 빌어 SNS에서 벌어지는 동물권 이야기를 담았다.

캣퍼슨 편집국은 각자 활동영역에서 동물과 연대했던 과정과 경험을 공유한다. 무무는 삽살이가족을 구조하는 과정에서 고민한 연대와 돌봄에 대해서, 다니는 일상에서 동네고양이와 겪은 일을 담백한 필치의 만화로 이야기한다. 메튜는 동네고양이 TNR을 꾸준히 진행하면 관심을 갖게 된 한국 TNR의 역사와 정책에 대해서, 헌이비는 카라 동물영화제에 다녀온 후 영화 리뷰를 남겼다.

이번에는 고양이뿐만 아니라 개와 닭 등 여러 동물이 참여하여 반가웠다. 닭과 인간의 역사를 살펴본 김화용 작가의 글을 통해 동물에 대해 생각하는 우리의 태도에 대해 고민했고 SNS를 적극 활용하여 활동하는 동물 활동가들이 정말 많은데 그중 몇 분의 목소리와 활동을 기록할 수 있게 되어 감사했다. 구조, 치료, 후원, 입양 홍보, 이동봉사 등 다양한 분야의 활동가의 경험을 담았으니 동물 활동을 고민하고 있던 사람들이 참고해봐도 좋겠다. 큰 눈이 내렸던 얼마 전, 흰 눈밭에서 만난 크림이가 이번 호 표지가 됐다.

SNS나 유튜브가 더 많은 영향력을 끼치는 이 디지털 시대, 아이러니하지만 종이 매체인 잡지를 선택했다. 잡지는 다양한 목소리를 듣고 적고 엮은 결과물이다. 섬세하고 지속적으로 타인의 작은 목소리에 귀 기울일 수 있는 잡지를 만들길 잘한 것 같다.

매거진 탁! 캣퍼슨 편집국을 대표하며 포도

SNS 구조활동의 플랫폼

기획 podo
편집 캣퍼슨 편집국

소셜네트워크서비스
Social Network Services

이용자가 다른 이용자들과 관계를 맺고 유지, 관리하는 네트워크 또는 네트워킹 서비스를 제공한다. 이용자들은 메시지를 주고 받거나 다양한 미디어를 공유한다.

 무슨 일이 일어나고 있나요?

트위터
www.twitter.com

모바일에 최적화 된 인터페이스로 140자 단문 서비스를 제공하고 있다. 무엇보다 정보 전달 속도가 매우 빠르며 급박한 재난 상황이나, 중요한 소식들이 순식간에 퍼지는데 중요한 매개체 역할을 하고 있다.

팔로우(follow) 상대방의 최근 활동을 알게 해준다.
팔로워(follower) 상대방이 내 활동을 알 수 있게 한다.
트윗(tweet) 단문 140자를 적어 실시간으로 전송. 전송된 트윗은 사용자의 타임라인에 표시되며, 또한 다른 사용자들에게도 전달된다.
멘션(mention) 상대를 언급하여 대화의 장으로 불러낸다.
다이렉트 메세지(DM) 개인 메시디로 둘만 대화하는 것.
리트윗 (retweet) 다른 사람의 글을 자신의 계정으로 그대로 다시 트윗, 공유 하는 것.

활동가들은 구조나 치료가 필요한 동물들을 위해 도움을 요청하거나, 임시보호나 입양홍보를 지속적으로 홍보하는데도 많이 활용하고 있다. 동물권 이슈를 공유할 때도 많이 사용되며, 특히 동물 학대 사건을 공론화시키기도 하며, 국민청원을 독려하는데도 사용하고 있다.

 탁! 님, 무슨 생각을 하고 계신가요?

페이스북
www.facebook.com

대부분 고양이관련 모임은 그룹 형태로 운영되고 있다. 이전에 작성된 글을 '끌올'(끌어올림)할 수 있다. 고양이 분양, 판매 등 분양업자가 운영하는 페이지도 많다.

뉴스피드(news feed) 사용자의 친구나 좋아요를 클릭한 페이지 소식을 시간 순서대로 보여주는 공간.
타임라인(timeline) 사용자가 게시하는 사진, 글 등이 보여지는 공간. 담벼락(wall)이라고도 한다.
페이지(page) 기업 홍보를 위해서 주로 생성한다.
그룹(group) 페이스북 내의 공동체 공개/비공개/비밀 그룹으로 나뉜다.

집사와 고양이
www.facebook.com/groups/1757593607890251/
길고양이 친구들
www.facebook.com/groups/FeralCat/
고양이라서 다행이야
www.facebook.com/groups/goda.naver

카카오톡
오픈카톡방

특정 이슈나 목적에 따라 오픈채팅을 열고 닫을 수 있다. 구조나 입양 등 일시적인 목적으로 단체 톡방을 개설할 수 있으며 익명으로 참여가 가능하고 개인 프로필이 공개되지 않는다. 실종된 동물을 찾거나 입양 문의를 받는 등 실시간 응답이 중요한 경우에 유용하다.

익명성을 전제로 하기 때문에 최근 발생한 동물 N번방 사건과 같이 악용될 소지가 있다.

인스타그램

www.instagram.com

정사각형 프레임 사진 중심의 인터페이스로 이미지 또는 영상을 올리기에 직관적으로 사용할 수 있다. 다른 SNS 와 달리 해시태그를 사용하면서 원하는 정보만 골라서 볼 수 있다. 리그램 기능이 있지만 공유하기 기능이 많이 약하다. 통계를 봤을 때, 주로 20대가 많이 사용한다.

리그램(regram) 다른 사람의 게시물을 내 피드로 공유하는 기능이다. 그러나 공식적인 인스타그램 공유 기능은 없다. 관련 어플을 설치 후 리그램 할 수 있다
해시태그(hashtag) 사진에 핵심 키워드에 # 표시를 앞에 붙인다. 같은 해시태그를 추가한 모든 사진이 앱에 표시된다. #사지말고입양하세요, #고양이입양 과 같은 해시태그를 달아 입양홍보시 적극적으로 노출할 수 있다.
스토리 24시간 동안 노출되는 이미지
다이렉트 메세지(Direct message) 개인 메세지

일상 공유가 주력인 만큼 동물권 활동가들이 주로 쉼터나 고양이 일상을 올린다. 이슈를 공론화할 때 파급력은 다른 SNS에 비해서 높지 않다.

네이버 카페

가입 후 바로 혹은 승인 허가 후 활동한다.
카페 운영진(매니저)의 방침에 따라 카페 분위기가 다르다.
카페 활성화를 위해서 네이버에서 정기 모임 기념품, 활동비 (치킨, 커피 등)를 지원하기도 한다.
글 작성시 네이버 콩이 지급 되어 해피빈 후원으로 연결된다.

고양이라서 다행이야 cafe.naver.com/ilovecat
2003년부터 개설 된, 고양이를 좋아하는 사람을 중심으로 가장 많은 인원이 모인 고양이 커뮤니티. 하루 평균 5만명(오후 6시기준) 방문한다.
가입은 방문 5회 댓글 1회 후 대부분의 게시판 사용가능하다. 다양한 이야기가 가능하지만 카페 내 금지 조항이 있다. (가정교배 및 입양게시판은 책임감 없는 입양을 막기 위해 엄격한 규정 존재)
게시판 별로 운영되고 있다. 가장 활성화된 게시판은 순서대로 〈고양이 집사의 넋두리〉와 〈질문하기〉, 〈고양이 용품 사용후기〉 순이다.

네이버 밴드

https://band.us/ko

네이버 밴드는 네이버 카페와 비슷하지만 조금 더 목적이 비슷한 사람들끼리 그룹으로 만난다. 카페를 핸드폰으로 옮겨 온 거라고 볼 수 있다. 카페는 시간 순서대로 글이 올라가지만 밴드에는 이전 글을 위로 올리는 기능이 있다. 40~50대 이상이 주로 사용한다.

길고양이 관련 밴드는 205개이고 부산동물사랑길고양이보호연대가 약2,000여명으로 활발하게 활동하고 있다. 각 지역별 커뮤니티 개념이 강하고 다양한 동물권 활동이 일어나고 있다. (2021.12 조사)

포인핸드

강아지, 고양이 입양 전문 어플
메뉴 중 '보호소'와 '스토리'란이 가장 활성화되어 있으며 보호소 메뉴에서는 동물구조관리협회에서 올라온 유기견, 묘, 특수 동물을 실시간으로 확인할 수 있고 스토리 메뉴에서는 개인활동가의 입양이나 임시보호, 이동봉사 요청글을 올리고 볼 수 있다.
지역별로 유기동물 및 잃어버린 동물을 올릴 수 있다.

instagram

구조

twitter

SNS와　고양이

임시보호

입양홍

이동봉사

twitter

양이활동가

동네고양이

후원

facebook

지료

고양이활동가

블로그

입양홍보

구조

instagram

동네고양이

SNS와　고양이

임시보호

지료

후원

고양이활동가

입양홍보

지료

facebook

블로그

카카오톡

이동봉사

SNS 활동가 인터뷰

나도 고양이 활동에

참여할 수 있을까?

구조에서 임시보호, 모금, 이동봉사, 후원굿즈, 입양까지, 고양이 활동의 여러 분야에서 활약하고 있는 다섯 활동가를 만났다. 활동 방식도 철학도 다른 그들에게 공통점이 있다면 우연히 활동을 시작했다는 점이다. 그들은 동네의 강아지, 고양이의 안녕을 걱정하는 마음으로 혼자 시작했지만, SNS를 통해 뜻을 같이하는 사람들과 도움을 주고받으며 더 많은 동물에게 안전하고 행복한 삶을 되찾아주어 왔다. 다섯 활동가의 노하우와 경험을 듣다 보면 한 동물의 행복을 위해 많은 다양한 일이 필요하다는 걸 알게 될 것이다. 그리고 어느 날 거리에서 우연히 만난 동물에게 마음이 쓰이기 시작할 때 그들의 이야기가 도움이 될 수도 있을 것이다. 그때에도 다섯활동가를 비롯한 많은 개인 활동가는 SNS와 현장에서 동물을 위해 헤쳐 모이며 각자의 역할을 하고 있을 것이다.

구조 직전 임자

공간을 내어주는 기쁨,
우연한 활동가의 기록

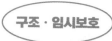

돌고영

길에서 떠도는 강아지, 고양이와 내 공간을
나누는 일에 대해 고민합니다.

twitter @2019goyoung

2019년 우연히 동네고양이 구조활동을 시작한 돌고영은 현재까지 약 스무 마리의 고양이와 여섯 마리의 개를 임시보호하여 치료 후 입양 보내왔다. 한 번으로 끝날 것이라 생각한 구조가 어떻게 지금까지 이어져 왔는지 '돌고영'의 솔직한 이야기를 들어보았다. 또한 구조와 임시보호 시 팁, 입양희망자와의 소통 방법, SNS 활용 등 돌고영이 활동하면서 얻은 노하우를 나눠본다.

interviewer **dani, mumu**

임보 중인 임자

안녕하세요, 돌고영에 대해 소개 부탁드립니다. 닉네임 '돌고영'은 어떤 의미를 가지고 있는지도 궁금합니다.

사실 처음 시작할 때는 일회성으로 할 거라고 생각하고 계정을 만들었어요. 그래서 계정 앞에 연도를 달아 놓았고요. 제가 당시 있던 지역 이름인 '돌곶이'에 '고양이'를 붙여 닉네임을 만들었습니다. 너무 멀리 있는 사람들보다는 가까이 사는 사람들에게 입양을 보내고 싶어서 지역을 일부러 넣기도 했어요.

어떻게 구조와 임시보호활동을 시작하게 되셨나요?

저한테 처음 찾아온 고양이가 '입자'라는 고양이인데 입자는 저희 집 근처에서 되게 유명한 고양이였어요. 여기저기 찾아가서 얻어먹고 오토바이 위에서 자는 그런 고양이였는데 입자가 사는 게 힘들었는지 제가 집에 들어가는 거를 몇 번 유심히 보더니 집 앞에 찾아온 거예요. 그러다 집주인 할아버지가 입자에게 우산을 던지는 걸 보고 잠깐 집에 데려와서 밥을 먹이게 된 거죠. ('입자'라는 이름은 '침입자'에서 따왔어요.) 그때는 고양이에 대해 정말 몰랐기 때문에 단순히 비 오니까 집에서 재워야겠다 정도로 돌봤어요. 그러다 입자가 임신한 것을 알게 되었고 다니는 학교 동물보호동아리에 요청해 함께 임시보호를 하며 입자와 아이들 입양을 보내게 된 것이 시작이었어요.

당시 입자가 출산하면서 너무 힘들어서 위생 장갑을 끼고 출산을 도와주기도 했는데, 정말 다 아무것도 모르고 했던 것 같은 생각이 드네요. 이런 일을 해본 적이 없는데 말이죠.

주로 어떤 고양이 활동을 하고 계신지요?

저는 주로 아프거나 밖에서 생활할 수 없다고 판단되는 고양이들을 구조하여 병원 진료를 받게 하고, 집으로 데려가 임시보호 후 필요하다면 사회화를 시켜서 가족을 찾아주는 활동을 하고 있어요.

구조 이야기

지금까지 몇 마리의 고양이를 구조, 임시보호 해서 입양을 보내셨는지 궁금합니다. 주로 어디서 어떻게 만난 고양이들이었나요?

2019년에 시작해서 지금까지 스무 마리 이상 구조해서 입양 보낸 것 같아요. 집 근처 등 자주 다니는 길에서 만난 고양이들이었습니다. 한 번은 집 근처에 고양이 대가족이 살았는데 걔네가 되게 잘 지낸다고 생각했어요. 고양이를 돌보는 활동가(캣맘)들이 있었고 정말 선택받았다고 생각할 정도였는데, 고양이들이 교통사고를 당해 세상을 떠나더라고요. 그러면서 되도록 기회가 있으면 입양을 보내자는 생각이 들었죠. 주변에서 급하게 구조를 해야 하는데 사회화 기술이 부족하다거나 도와달라고 하면 할 수 있는 선에서 인계받아 임시보호 봉사를 하기도 했어요.

특별히 기억나는 고양이가 있으신가요?

아무래도 오월, 삼일이가 바로 생각나네요. 동네 고양이활동가들이 이용하는 네이버 카페에 빌라 주차장에 고양이 자매가 오물을 뒤집어쓰고 있다는 글이 올라왔어요. 집 근처여서 가봤는데 태어난 지도 얼마 안 된 것 같은 아기 고양이들이 있더라고요. 그렇게 구조를 하게 됐는데 두 마리 사이에 애착이 깊어서 동반 입양을 보내려 하다 보니 입양처 구하기가 쉽지 않았고, 6개월 정도 제가 돌보게 되었어요. 그동안 너무 심하게 정이 들어서 나중에 입양 보낼 때 '내가 자기들을 버렸다고 생각하면 어떡하지.' 하는 생각에 힘들었는데, 입양 보내고 나니 차라리 나를 잊어줬으면 생각이 들더라고요. 지금은 매우 잘 지내고 있는데, 가끔씩 아직도 그 집에서 나올 때 문을 닫는데 두 마리가 빼꼼히 올려다보는 게 생각이 나요.

고양이를 구조해서 집으로 데리고 왔을 때 고양이가 최대한 놀라지 않도록 안심시키는 노하우가 있으신가요?

고양이마다 성격이 다르긴 하지만, 일단 데리고 온 후 하루 이틀은 혼자 편히 두어요. 그리고 그

동안 굶었을 테니 밥을 두둑하게 챙겨줘요. '이렇게 맛있는 걸 많이 먹을 수 있단 말이야?'라고 생각할 수 있도록 융숭한 대접을 해주고, 가능한 상황이라면 격리를 최대한 하지 않아요. 그래야 빨리 사회화가 되더라고요.

고양이가 한 번에 잘 잡히지 않는데 구조에 실패했을 때에는 어떻게 하는 게 좋을까요?

길에서 너무 잘 지내고 삶의 만족도가 높아 보인다면 굳이 구조할 필요는 없겠지만 구조를 하려고 한 이유가 있겠죠? 아파서 병원에 가야 한다거나 현재 있는 곳이 위험하다거나…. 그러면 될 때까지 시도를 해야죠.

구조에 경험 없는 사람이 구조 활동을 혼자 하기는 쉽지 않은 것 같아요. 그럼에도 구조를 해야 할 동물을 만나면 어떻게 하기를 추천하시나요? 구조해 본 적 없는 사람이 그래도 할 수 있는 게 있다면 무엇이 있을까요?

일단은 구조하고자 하는 동물이 가족이나 무리가 있는지 확인해 볼 것 같아요. 그리고 내가 키울 수 있는지 아니면 입양을 보내려고 하는 건지 명확히 마음을 결정해야 해요. 성묘 같은 경우는 입양이 아무래도 더디니까 그 시간을 잘 버틸 수 있는지에 대한 자신에 대한 점검도 해야 할 것 같아요. 고양이가 생각보다 마음을 안 열 수도 있는데, 내가 인내심을 갖고 기다릴 수 있을지 생각도 해야 하고요.

그러면 어떤 때에 가장 기쁘고 보람을 느끼시나요?

너무 사나웠던 고양이가 순해졌을 때 보람을 느

좌   구조 당시 오월이, 삼일이
우   입양가서 선이, 범이가 된 오월이, 삼일이

껴요. 순해졌다는 건, '사람이 좋구나.', '사람이랑 사는 거 괜찮구나.'라고 받아들였다는 거니까요. 좋은 곳에 입양 가면 가장 행복하죠.

특별히 사나웠던 친구가 있었나 봐요.

'밤이'라는 고양이를 구조했는데 아무리 시간이 지나도 너무 하악질을 하고 얼굴을 볼 수 없을 정도로 숨어 있다고 해서 저에게 왔었어요. 이 동장을 미친 듯이 두드리고…. 극심한 스트레스를 받은 것 같았어요. 그래도 일단은 교과서적인 방법으로 제 냄새가 나도록 제 손에 양말을 여러 켤레 겹쳐서 끼우고 만져줬어요. 처음에는 밤이가 양말을 죽이려고 했지만 매일 하루치 공부를 하는 것처럼 양말로 쓰다듬어줬어요. 그러다 보니 밤이가 이 공간에서 저 공간으로 이동을 하고, 제가 가보면 안 본 척을 하고 그러더라고요. 파블로프의 개 실험처럼 어묵꼬치 장난감으로 쓰다듬어 주면서 간식을 주거나, 이름을 특정 멜로디로 불러주면서 간식을 주는 방식으로 친해졌어요.

임시보호 이야기

지금 임시보호하고 계시나요? 임시보호하고 있는 아이들은 어떤 아이들인가요?

다섯 마리 출산을 한 유기견을 임시보호하고 있었어요. 얼마 전에 아기 강아지들은 모두 입양을 보냈습니다. 지금은 어미 강아지 임보 중이에요.

지금까지 강아지뿐만 아니라 많은 고양이를 임시보호를 해 오신 것으로 알고 있습니다. 강아지와 고양이를 임시보호를 할 때 중요하다고 생각하시는 부분이 있으신가요?

고양이랑 강아지랑 같은 거라면 심신 안정을 시켜서 좋은 집에 보낸다는 점, 그러니까 몸과 마음을 건강하게 하고 스트레스 상황이 아니게 해주는 게 중요한 것 같아요. 고양이 같은 경우 길에서 지내면서 야생성이 남아 있다면 조금 더 사람이랑 같이 지낼 수 있는 성격으로 사회화를 해주려고 합니다. 밖에서 힘들었기 때문에 애들이 되게 예민할 수도 있어서 마음을 물렁하게 해주려고 노력해요. 개들은 사람을 너무 심하게 좋아하기 때문에 오히려 분리불안을 겪지 않도록 너무 오래 안고 있거나 과잉보호하지 않으려고 해요. 개든 고양이든 어떻게 하면 입양 가서도 행복할 수 있을까 동물 중심적으로 생각하려고 합니다.

임시보호 봉사의 경험은 없지만 하고자 하는 개인에게 해주실 수 있는 조언이 있을까요? 임시보호를 하려면 어떤 매체에서 지원할 수 있는지부터 임시보호 전이나 과정 중에 생각해 봐야 할 것에 대해 조언해 주시면 감사드리겠습니다.

사람들이 고양이를 키우고 싶으면 길에서 바로 데려올 수도 있는 거지만 사실 그렇게 데려오는 사람은 많지 않잖아요. 사람들은 고양이가 집에서 사람이랑 잘 어울리는지, 잘 적응하는지 확인하고 싶은 거 같아요. 생각해 보면 동물을 혐오하는 사람들은 궁극적으로 동물과 공간을 공유하려고 하지 않는다고 생각해요. 동물을 혐오하지 않는 사람들이라도, 고양이를 불쌍하다고 생각하더라도 자기 개인 공간을 내주고 싶어 하지 않아요. 공간이 더러워지고 고양이가 어떻게 할지도 모르고, 그러니까 불쌍해도 저대로 있어야 한다고 생각하거든요. 임시보호를 하면 불편해지는 건 사실이지만, 어쨌든 임시보호라는 게 결국 나의 공간을 조금 나눠주고 사람이랑 사는 걸 가르쳐주는 활동이라는 걸 염두에 두고 신청하면 좋을 것 같아요. 임시보호 활동 지원은 인스타나 트위터, 네이버 카페 '고양이라서 다행이야', 그리고 포인핸드 등에서 할 수 있어요.

한 마리를 임보한 후 다음 임보하기까지 휴지기는 어느 정도가 적절할까요? 일상과 임시보호 간의 균형을 어떻게 조율하면 좋을지 여쭙습니다.

고양이 한 마리 정도는 감정적으로 감당이 된다면 저의 경우는 그렇게 긴 휴지기가 필요하진 않은 것 같아요. 수유를 한다면 다른 얘기긴 하죠. 트위터에서 어떤 분이 아기고양이를 가리켜 '욕망의 폭주기관차'라고 하신 걸 봤는데 정말 맞는 말이에요. 아기고양이도 마음대로 안 될 거 아니에요. 배변도 혼자 못하고 배는 시시때때로 고프고 온도도 '내가 좋아하는 온도가 아니야.' 이렇게 하면서 울거든요. 아기고양이 임시보호가 아니라면 휴지기는 짧게 가져도 괜찮을 것 같습니다. 어떤 분들은 애를 구조해서 이 집에 보내놓고 다른 애를 또 구조해서 저 집에 보내놓고 그렇게 하시는 분들도 굉장히 많으시더라고요. 근데 저는 그렇게 되면 일상과의 밸런스가 무너질 것 같았어요. 하나둘을 구조해서 입양을 보내고 다음 동물을 데려오는 게 저에게 맞는 방식인 것 같아요.

지금도 현재진행형이지만, 임시보호를 하면서 기쁜 순간 그리고 힘든 순간이 있으신가요?

이번 임시보호의 경우는 일단은 애들이 보호소로 가기 직전에 살려냈다는 안도감이 큰 것 같아요. 아기들은 보호소에 가면 전염병의 위험에 노출되기도 하니까요. 아이들이 정말 사랑스럽다는 것도 큰 장점이었고요.

엄마 개가 아팠고 아기 강아지들이 너무 빠르게 성장하다 보니 육체적, 정신적으로 힘들었어요. 아기 엄마들이 아기 우는 소리 많이 들으면 미칠 것 같다고 하잖아요, 산후우울증처럼요. 근데 저도 애들 다섯 마리가 동시에 우니까 어느 순간에는 그 울음소리를 듣는데 심장이 너무 터질 것 같더라고요.

엄마 개가 너무 아파서 혹시 엄마가 죽으면 어떡하지 걱정도 들었고요. 입양을 위해 사회화 교육도 해야 하고 각자 이유식도 먹여야 하는데 제 일도 틈틈이 해야 하고…. 이런 점이 힘들었어요. 지금은 다행히 제가 누워있으면 엄마 개가 팔베개도 하고, 그런 유대감이 모견을 건강하게 만든 것 같아 행복합니다.

구조와 임시보호의 어떤 경지에 오르신 것 같단 생각이 들기도 하네요. 말씀을 들어보니 그만큼 임시보호가 행복을 주기도 하지만 정말 힘든 일이라고 생각이 되는데, 어떤 마음으로 계속해오셨나요?

처음에 말씀드린 것처럼 저는 이게 이렇게까지 길게 이어질지 몰랐어요. 그런데 이렇게 하다 보면 다 좋은 집에 가서 잘 산다는 걸 이제 알아버려서 알기 전으로 돌아가기가 어려워요. SNS 돌고영 계정을 동물에 관한 활동에만 사용하고 있어서 관련 소식을 듣다 보면 제가 도울 수 있는 경우 계속 돕게 되고요. 주변 지인이 동물을 급히 구조하고 갈 데가 없어 최전선이라고 생각하고 연락을 주면 임시보호를 하게 되기도 하고요.

많이 한다고 하더라고요. 그래서 해시태그를 달아두는 것도 추천해요.

SNS 고양이 활동

주로 트위터와 인스타그램으로 활동하고 계신데, SNS는 어떤 용도로 사용하고 계시나요? 각 매체의 특성이 다를 텐데 두 SNS를 고르신 이유가 있는지, 잘 활용하는 노하우가 있으신지 궁금합니다.

트위터리안은 고양이를 이미 키우고 있는 경우가 많아요. 혹은 어쨌든 동물권 인식이 높은 분들이 많기는 한 것 같아요. 확실히 홍보를 되게 적극적으로 해 주시고 약간 동료 의식 같은 거나 연대가 확실히 형성되어 있어요. 그래서 홍보 글을 예의 바르고 자세하게만 쓴다면 분명히 리트윗을 해주시기 때문에 홍보 효과가 좋은 것 같아요. 다만 이미 고양이를 키우고 있는 분들은 많다는 것.

인스타는 사람들이 팔로우를 하지 않거나 '좋아요'를 누르지 않아도 보는 사람이 많은 것 같아요. 해시태그*만 제대로 해놓으면 생각보다 팔로워 수가 적거나 '좋아요' 수가 적어도 꽤 많은 사람이 보고 있는 것 같아요. 네이버 카페 '고다(고양이라서 다행이야)' 같은 데 홍보를 할 때도 인스타가 사진을 보기에 용이한 인터페이스잖아요. 사진첩 개념으로 사용하기 좋아요. 인스타를 어릴 때부터 했던 사람들은 해시태그 검색을

해시태그*   트위터 등 소셜 네트워크 서비스(SNS)에서 사용되는 메타데이터 태그로, 해시 기호(#) 뒤에 특정 단어를 쓰면 그 단어에 대한 글을 모아 분류해서 볼 수 있다.

고양이가 가족을 만나기 위해 꼭 보여줘야 할 생활 모습이 있을까요?

아까 말했던 것처럼 사람들이 길에서 바로 고양이를 데려오지 않고 임시보호처를 거친 고양이를 선호하는 이유가 얘가 사람과 친화적인가를 보려고 하는 게 굉장히 크기 때문에, 확실히 무릎에 앉아 있거나 쓰다듬 받고 있는 사진에 대한 반응이 크기는 해요. 그래서 사람과 맞닿아 있는 사진이나 눈을 맞추고 있는 사진이 좋아요. 무릎에 안 올라오는 고양이를 억지로 올려서 사진을 찍을 필요는 없지만 무릎에 올라오는 걸 좋아한다면 그걸 숨길 필요는 없을 것 같아요.

SNS로 입양 문의를 하거나 아이에게 관심을 가져주시는 많은 분을 만났을 것 같습니다. 이분들과 소통할 때 지켜야 할 원칙이나 원활히 하기 위한 팁이 있을까요?

아마 상대방도 고민을 많이 하고 연락을 한 걸 테니 일단 그 마음을 공감해 주려고 해요. 보통은 입양 문의를 할 때 질문도 같이 하시니까, 고 마음을 표현하면서 질문에 대해 답변을 하죠. 내가 그렇게 대단한 일을 하고 있다고 생각하지는 않아요. 왜냐하면 그렇게 생각을 하게 되면 거기서 오는 문제들이 있는 것 같아요. 구조나 임시보호가 별일이 아니고 다 같이 해도 좋은 일이라는 걸 전하고 싶어요. 어쨌든 나를 조금 낮출수록 설득이 쉬운 일이 아닌가라는 생각이 들고요. 저도 이 일을 시작했을 때가 있었고, 저한테 문의를 한 아직 동물에 대해 잘 모르는 사

람들도 곧 개, 고양이를 사랑하게 될 사람들이 잖아요. 동물에 대해 알려고 하지 않고 그냥 대충 어떻게 키워질 거라고 생각하면 그거는 문제가 있죠. 근데 알려고 하는데 아직 모른다는 거는 저는 완전 대찬성이에요.

임시보호만 맡는 경우 입양홍보자와는 어떻게 소통하는 게 좋을까요?

많이 연락하는 게 제일 좋아요. 오늘 뭘 했다, 하는 시시콜콜한 일들이 제가 구조자라면 궁금할 것 같아요. 에피소드나 사진을 많이 공유하면 입양홍보에 쓸 수 있으니까 많이 전해주면 좋고요.

동물을 구조한 후 가족을 찾을 때까지 임시보호를 하는 게 아니라, 입양 전에 아이와 잘 맞는지 확인하기 위해 임시보호를 하는 문화도 있잖아요. 이런 문화에 대해서는 어떻게 생각하시나요?

되도록 지양하는게 좋을 것 같아요. 임시보호를 하다 언제든지 돌려보낼 수 있다고 생각하는 것과 평생 같이 살기 위해 입양하는 사람의 마음과 차이가 많이 큰 것 같기는 해서요. 물론 상황적으로 예를 들면, 첫째, 둘째가 둘 다 새끼라든지 아니면 어떤 애를 순화시켜야 되는데 다른 고양이가 있는 게 나을 때라든지 예외들은 당연히 있을 것 같아요. 절대 안 된다고 생각하는 건 아닌데, "제가 테스트 삼아 한번 임시보호를 해봐도 될까요?" 그렇게 말하는 게 조금 신기하긴 해요. 특히 강아지는 정말 더 많은 것 같긴 해요. 아이들한테 체험하게 해주고 싶다는 건 아예 안 된다고 하는 게 맞지 않나라고 생각이 들고요. 그런데 정말 동물의 상태나 혹은 임시보호처가 포화 상태거나 전염병이 있다고 했을 때는 예외

적으로 보낼 수 있는 게 아닐까 싶어요. 가끔은 그렇게 하다가 동물을 사랑하게 될 수 있는 그런 가능성을 가지고 있긴 하고요.

현재 SNS는 개인이 임시보호와 입양을 하는 데 있어 가장 중요한 수단인데요. 앞으로 SNS상 동물 임시보호, 입양문화가 어떻게 발전했으면 좋겠다는 바람이 있을까요?

저는 느슨한 연대의 도움을 진짜 많이 받지 않았나 싶어요. 그리고 저도 그렇게 하려고 노력하고 누구라도 한 명 더 보도록 공유하기도 하고요. 저는 SNS에서 사적인 대화는 거의 하지 않고 도움이 필요한 경우 리트윗 등 공유를 많이 하는데요. 생명을 살려보겠다고 작은 클릭을 하는 모르는 사람들의 따뜻한 마음에 고마웠어요. 앞으로도 그런 흐름이 계속되면 좋겠어요. *tac!*

위   구조 당시 레오
아래   임보 중인 레오

리트윗 동물 구조단

구조·모금

* 　　　리트윗(retweet) 트위터 용어
로 다른 사람의 글을 자신의 계정으로 그대
로 다시 트윗, 공유 하는 것.

눈누난나

2020년 우연한 개인 구조를 시작으로, 트위터를 통해
'엔젤프로젝트'로 성장해왔습니다.
twitter @hyeyounkim3

interviewer **dani, mumu**
photographer **holi**

트위터에서 동물 관련 트윗을 보다보면 한 번쯤 엔젤프로젝트의 트윗을
마주했을 확률이 높다. 눈누난나라는 트위터 아이디를 쓰는 그녀는 그만
큼 열렬하게 SNS를 통해 동물 구조활동을 한다.

트윗   트윗과 답글   미디어   마음에 들어요

눈누난나👉메인트후원금입출금...   · 17시
후지마비 산타가 입원중이고
아직 수술도 결정되면 할 예정이고 침샘도
문제되는 한곳은 제거예정이고 해야할 치료가
많아욥 지난주 청구분도 아직 미납이니 걱정이
커갑니당.
이번주엔 큰검사도 많이해서 담주에 또
청구예정입니당
산타 기적을이룰때까지 도와주시면 안될까요
국민 엔젤프로젝트

💬 1   🔁 57   ♡ 30   ↗

이 스레드 표시
눈누난나👉 메인트후원금입출금...
산타는 담주 목요일 12월 23일에 척추
합니당

트위터 가입일을 보니 2020년 9월인데 언제, 어떻게 엔젤프로젝트 활동을 시작하게 되셨나요?

이전에 고양이를 구조했었고 지금까지 돌보고 있지만 강아지는 잘 모르고 봉사활동만 하고 있었어요. 2019년 9월, 행동하는 동물사랑 카페에서 파주에 돌아다니는 아픈 강아지 구조가 필요하다는 제보 글을 보았어요. 한번 보러만 가자고 생각하고 보러 갔는데 실제로 보니까 더 두고 올 수 없겠더라고요. 그렇게 강아지를 처음 구조하게 되었어요. 병원에 데려갔더니 치료에 천만 원가량이 들 거라고 하더군요. 그때 돈 걱정에 나흘 동안 식음을 전폐했어요. 트위터에서 활동하는 지인이 강아지 사연을 듣고 트위터에 글을 올려보라고 하셨어요. 제가 SNS를 잘 하지도 않고 트위터의 '트' 자도 몰랐거든요. 그런데 모금 글을 올리고 지인이 리트윗 해주고 하니까 모금액이 모인 거예요. 그렇게 처음 구조한 강아지를 치료하고 입양 보낼 수 있었어요. 후원금이 조금 남아 다른 강아지를 추가로 구조하는 일이 반복되다 보니 지금까지 오게 되었습니다. 처음부터 이렇게 구조해야지 마음먹고 시작한 일은 아니었어요. 지금 생각해 보면 처음 구조한 강아지들이 모두 입양을 잘 가서 생각보다 괜찮네? 하고 계속해서 활동을 하게 됐는데, 그때가 유난히 잘 된 거였다는 걸 나중에 알았죠.

현재 엔젤프로젝트에서 구조해서 보호하고 있는 동물들은 총 몇 마리인가요?

대략 마흔 마리 정도 됩니다. 구조한 개가 여러 마리 출산한 일이 있어서 수십 마리로 불어난 적이 있었어요. 또 한 마리만 구조하려고 했는데, 무리로 지내는 아이들이라 모두 구조해야 하는 경우도 있어서 빠르게 늘어났어요.

트위터에서 엔젤프로젝트의 활동 닉네임은 '동물친구들 기본권이라도 지켜주고 싶어서 시작한 일'인데요(2021년 11월까지, 지금은 변경). 계정을 보면 활동가님이 혼자라도 당장 할 수 있는 일이라도 시작하자는 간절함이 엿보이는 것 같습니다. 1인 활동가로 어떤 방식으로 구조와 치료, 입양홍보 활동을 하는지 궁금합니다.

처음에는 강아지들을 안락사 위기에서 구조했었는데 요즘에는 구조 요청 연락을 받고 다른 단체에서 나서주지 않는 경우 구조를 하고 있어요. 구조 요청을 한 분들이 기부나 임시보호 등으로 함께해 주시면 가장 좋지만 필요한 경우 트위터에 모금을 요청합니다. 저희 단체는 쉼터가 아직 없다 보니, 구조한 동물을 위탁처(임시보호소)로 보내는데 그곳에서 보내주는 사진으로 입양홍보를 합니다.

편집자주 : 현재 사무실 개소 준비 중

모금활동

구조를 하다 보면 치료비 등 비용을 무시할 수 없을 텐데, 모금하는 일이 쉽지 않을 것 같아요.

사실 동물을 구조하게 되면 생각보다 많은 비용이 들어가요. 치료비, 위탁비, 이동봉사자가 없다면 펫 택시 비용, 해외 입양 시 비행 비용 등…. 기간이 길어질수록 더 많이 들고요. 아무래도 한국에서는 소형견을 선호하기에, 단체에서 구조하는 중형견은 해외입양을 가는 경우가 많아요. 하지만 한 번의 비행에 함께 탈 수 있는 동물의 수가 한정되어 있어요. 예를 들면 한 비행기에 사람이 100명 탈 수 있다면 동물은 4~5마리밖에 타지 못해요. 승객이 데리고 탈 경우 개의 크기 등에 따라 무료이기도 하지만, 강아지의 성향 등이나 긴박한 정도에 따라 화물칸(카고)으로 가야 한다면 더욱 많은 비용이 듭니다.

> * 화물칸으로 가는 경우, 개의 켄넬 위로 화물을 쌓아 실을 수 없기 때문에 그만큼의 공간에 대해 지불해야 하기에 비용이 몇 배로 듭니다.

이런 구조활동에 드는 노력이 보통이 아닐 것 같아요. 개인 활동가들의 노고에 대해 급여를 지불하는 게 맞다는 의견도 있잖아요.

사실 그렇긴 하지만, 그래도 저는 따로 저의 활동비를 받지 않고 앞으로 이 신념을 지켜가려고 해요. 구조가 본업이 되고 생계가 될 때 문제가 되는 경우를 많이 봐서요. 만약 단체가 커지고 다른 활동가를 고용하면 그때는 비용을 드리는 게 맞지만요.

·모금 활동 중 기억에 남는 경우가 있나요?

미카와 제리라는 고양이가 생각나요. 미카는 개가 물어서 얼굴이 뜯겨나가 긴급하게 수술을 했지만 결국 죽었어요. 제리는 500g밖에 안 나가는 아기 고양이였는데 교통사고가 나서 2차 병원 가서 수술을 했지만 떠났어요. 그때 모금 내역을 보는데 몇백 원, 몇천 원 이렇게 정말 잔고를 털어주시는 분들이 있었어요. 본인도 돈이 없지만 송금해 주신 걸 보면서 사람들이 정말 고양이에 대한 마음이 따뜻하구나 생각했어요.

개인이 모금을 진행하거나, 모금에 참여할 때 유념해야 할 것들이 있을까요?

모금을 진행하려면 일단 구조한 동물이 어떤 상태인지, 치료가 필요하다면 어느 정도 비용과 돌봄이 필요할지 진단을 받는 것이 우선일 것 같습니다. 구조가 필요하다고 사진만 딱 올리거나 하면 아이의 정확한 상황을 알 수 없으니까요. 모금에 참여하는 분들도 동물의 상태와 치료 목적 등을 잘 살펴보는 것이 좋습니다.

SNS 구조활동

트위터, 네이버 블로그를 주로 사용하는 것 같은데 어떻게 두 가지 SNS를 선택하게 되셨나요? 어떻게 다르게 사용하나요?

블로그는 아무래도 다른 SNS보다 후원금 사용 내역을 편하게 볼 수 있어서 영수증을 올리는 용도로 쓰고 있어요. 트위터는 팔로워 많은 분이 리트윗해주실 때 큰 도움이 되어서 잘 사용하고 있습니다.

SNS로 모금 활동할 때, 이것만은 꼭 지키는 원칙 같은 것이 있을까요?

SNS로 모금을 진행할 때, 동물 구조 활동 등을 자극적으로 올리는 경우가 많아요. 그러면 확실히 모금은 빠르게 되지만, 동물 상태를 과장하거나 확인되지 않은 사실을 적으면서 모금 홍보를 하진 않습니다. 그러다 보니 모금 글을 올려도 리트윗이 잘 안 되긴 해요. 그래도 모금을 위해서 자극적인 글을 쓰는 건 최대한 피하려고 하죠. 워낙 많은 아이를 구조하면 비용이 만만치 않아 매번 많은 금액을 도와달라고 요청하는 모금 글을 쓰는 것은 쉽지 않아요. 그래도 한번은 지인께서 모금한 돈을 제가 쓰는 게 아니라 동물이 도움을 받는 건데 망설이지 말라고 말씀해 주셔서 그다음부터 용기를 내서 매번 적고 있어요.

구조활동의 기쁨과 슬픔

개인구조활동을 하면서 힘든 일이 있다면 언제였나요?

아무래도 동물병원 진료비가 비싸다 보니, 급히 동물을 구조한 분께 조금이라도 저렴하게 잘 봐주는 병원을 알려드릴 때가 있어요. 하지만 병원에서 무리하게 비용을 깎으려고 한다거나 치료만 받고 비용을 지불하지 않은 채 연락이 두절되는 경우가 있어 곤란했어요. 그래서 쉽게 소개해 주면 안 되겠구나, 인생의 깨달음을 얻었죠. 동물은 아무 잘못이 없지만 인간이 항상 문제인 것 같아요.

그리고 한번은 어렵게 구조한 개들이 탈출해서 동네에 있는 닭 여러 마리를 죽인 적이 있어요. 닭이 하필이면 관상용 닭이라 마리당 백만 원을 호가하는데, 스물세 마리를 죽여서 총 이천삼백만 원을 어떻게 물어주나 고민을 많이 했어요. 그때부터 화병이 생겨 고생을 했었죠. 어찌어찌 해결을 하고 탈출한 개들도 거의 찾았는데 두 마리를 못 찾았어요. 그 개들은 사람과

접해보지 않은 야생에서 온 애들이었거든요. 마지막으로 봤을 때 멀리서 사진을 찍었는데 둘이 웃고 있는 것처럼 보이더라고요. 그 때 '이렇게 (자유롭게) 살 수 있는 애들한테 내가 무슨 짓을 한 거지.' 하는 생각에 죄책감이 들었어요. 모든 동물이 다 집으로 들어와야 한다는 생각도 어떻게 보면 욕심인 것 같아요. 어떤 판단을 해야 할지 상황과 맥락에 따라 잘 결정해야 하는 일이에요.

반대로 기뻤을 때는 언제였나요?

리본이라는 개가 새끼들을 낳았을 때였던 것 같아요. 허리가 올무로 심하게 조인 상태로 구조되었는데 임신을 아홉 마리나 했더라고요. 과연 무사히 출산할 수 있을까 걱정이 굉장히 많았어요. 허리 근육이 수축돼서 출산을 하려면 제왕절개를 해야 한다고 하는데 리본이가 심장사상충에 감염된 상태라 수술을 하기엔 위험했거든요. 그래서 어떻게 할까 고민하고 있는데 자연분만으로 아홉 마리 모두 건강하게 낳았어요. 그 연락을 받았을 때 정말 기뻤어요. 정말 기적 같은 일이었어요.

모두가 눈누난나 님처럼 구조활동을 할 수는 없지만, 개인이 구조활동에 참여하고 싶다면 어떤 일을 할 수 있을까요?

개인이 직접 구조하는 일은 쉬운 일이 아니긴 해요. 그러나 도움이 필요한 동물을 만났을 때 (어느 정도 책임을 같이 진다고 생각하고) 임시보호로 참여하거나 일정 금액을 기부하면서 단체에 요청하는 것도 매우 중요할 것 같아요. 가장 필요한 봉사는 임시보호에요. 동물이 보호소

에 있는 것보다 임시보호를 받으며 가정에서 잘 적응하는 모습을 보여주면 입양 갈 가능성이 높아지거든요. 아무리 보호소나 위탁처에서 잘 관리를 받아도 단체생활이기 때문에 그 동물만 사랑받을 수가 없어요. 동물 단체에 구조요청을 할 때도 임시보호처가 있어야 구조가 가능한 경우가 많아서, 구조요청 시 임시보호만 해주셔도 큰 도움이 됩니다. *tac!*

고양이를 데려다 드립니다

이멍

2017년부터 대구를 중심으로 활동하면서
현재는 대구고양이보호연대라는 단체를
운영하고 있는 리더 이멍입니다.
instagram @zzoll_vvo_sup

interviewer **dani**
photographer **podo**

대부분의 고양이활동가가 공유하는 특징이 있다. 스스로 '고알못'이라 칭
할 정도로 고양이란 동물에 무지했던 사람이라는 점이다. 대구고양이보
호연대의 이멍님 역시 그랬지만, 지금은 연대의 대표로서 많은 활동가들
을 모아 연결하고 힘을 북돋고 있다.

안녕하세요. 이명 님에 대해 소개 부탁드립니다.

대구고양이보호연대 리더 이명입니다. 알레르기 천식이 있고 결혼하지 않았고 타지역 출장도 종종 있지만, 고양이 안 버리고 네 마리랑 콧물 흘리면서도 행복하게 살고 있는 고양이 집사예요. 이 얘기를 한 이유는 온라인에 떠돌아다니는 입양 조건에 따르면 저는 딱 결격 사유에 해당해서 괜히 얘기해 봤어요.

이명 님 SNS를 둘러보다 보니 영화 〈꿈꾸는 고양이〉에서 봤던 기억이 나더라고요. 어떻게 고양이 돌봄 활동을 시작하게 되셨는지 궁금합니다.

학대받고 있던 고양이 남매를 임시보호했었어요. 그때는 임시보호라는 단어도 모르고 아는 거라곤 로얄캐닌 밖에 없을 만큼 '고알못(고양이에 대해 잘 모르는 사람)'이었는데 저 아니면 고양이들이 죽게 생겨서 그냥 데리고 있었고요. 같이 지내다 보니 집고양이들과 닮은 고양이들이 밖에 많더라고요. 그래서 인터넷 뒤져서 제일 싼 사료를 샀어요. 그냥 밥이나 굶지 말라고. 엄청 뿌듯했어요. 고작 3만 원 정도 썼는데도 내가 이렇게 착하다니, 스스로 감탄했거든요. 근데 누구나 책임 못 질 일은 벌리면 안 되잖아요. 그래서 적당히 밥은 주자, 내가 아무리 처절하게 망해도 한 달에 3만 원은 못 쓸까 싶어서 주다 보니까 집고양이랑 다른 점들이 많더라구요. 원래 관찰하는 걸 좀 재밌어해서, 울음소리나 행동이 집고양이랑 다르네? 싶어서 인터넷에 뭔지 묻고 그러면서 몰랐을 땐 안 보였던 세상이 보이기 시작한 거죠.

많은 고양이 관련 활동을 하고 계신데 어떻게 이 활동을 운영하고 계신지 궁금합니다.

'아이구 감사합니다'라는 쇼핑몰을 운영하고 있어요. 처음에는 부업으로 별생각 없이 시작한 곳이에요. 혹시라도 나도 디지털 노마드가 될 수 있을까 이런 헛된 꿈도 있었고요. (웃음) 혹시라도 단체에 큰 사고가 터져서 후원 판매를 해야 한다면 사고 수습에도 도움이 될 수 있다고 막연하게 생각했어요. 다행히 아직 큰 사고가 터진 적은 없지만요. 제작하거나 수입해서 판매하는데 요즘 제 소비패턴 자체가 거의 고양이 물건 위주라서 지금은 고양이 용품 쇼핑몰처럼 되어버린 거 같네요.

TNR, 구조 및 치료, 이동봉사 등 전방위적으로 활동하고 계시지만 그중 이동봉사 경험에 대해서 들어보고 싶은데요. 이동봉사는 어떤 활동이며 주로 어떤 상황에서 이동봉사가 필요한가요? 그리고 이동 시 고양이들의 스트레스를 최소화하기 위한 팁이 있다면 공유 부탁드립니다.

'이동'에 대한 분야를 맡아서 수행하는 게 이동봉사이죠. 이동되는 건 동물일 수도 있고 물품일 수도 있고, 그 이동 수단은 굉장히 다양하죠. 지금까지 경험해 본 이동수단은 지하철, 시내버스, 기차, 도보, 자동차, 카트 정도인 것 같아요. 배나 비행기는 아직 경험해 본 적이 없어요.

TNR을 할 경우에도 이동봉사가 필요한데요. 이동봉사조를 따로 구성을 하는 게 좋아요. TNR 후

퇴원하고 고양이를 데리고 올 때 시간을 맞추기가 쉽지 않아서 주최자와 일정에 관해서 꼼꼼하게 체크하는 게 중요한 것 같아요. 특히 방사 지역이 여러 군데일 경우 헷갈릴 수 있는 상황이면 머릿속으로 시뮬레이션을 꼭 해요. 제일 확실한 건 고양이와 방사지를 사진으로 남기는 거고요.

내가 기차를 탈 때 일정이 맞으면 역에서 역(station to station)* 이동봉사도 좋은 것 같아요. 생각보다 손쉽게 도울 수 있는 이동봉사예요. 최대한 많은 분이 동참해 주면 좋겠어요. 기차는 비행기처럼 수속 밟는 것도 없어요. 역에서 고양이를 받고 도착역에서 건네주는 방식인데 이 봉사가 꼭 활성화되면 좋겠어요.

이건 제 경험인데, 고양이 이동 시 스트레스를 최소화하기 위해서는 고양이한테 딱 맞는 이동장으로 이동시켜야 고양이들이 안정감을 느끼는 것 같아요. 사람이 보기에는 작아 보여서 불편하겠다고 생각할 수 있지만요. 오히려 딱 맞는 이동장이 고양이들에게는 안정감 있게 이동할 수 있는 것 같아요.

*　　　　최근 KTX는 동물 이동 시 무게 제한이 생겼다. 미리 확인하고 이동할 것

SNS와 고양이

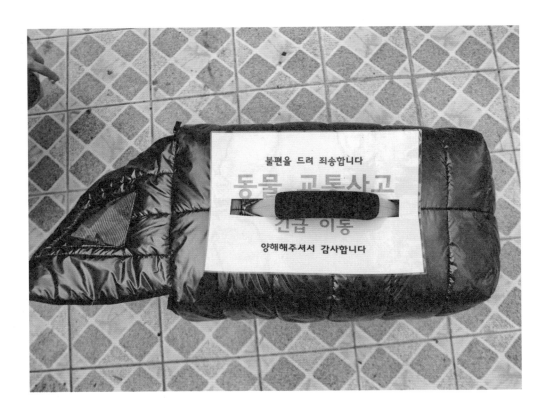

이동봉사를 하시다 보면 다양한 일을 경험하셨을 것 같은데요. 기억에 남는 에피소드가 있나요?

처음에 타지역으로 입양을 보내려고 기차로 이동한 적이 있는데 사람들이 많이 궁금해하더라고요. 솔직히 일일이 답하기에는 긴장되고 불편해하는 사람도 있을 것 같아 다음부터는 "유기동물 이동봉사"라고 표지판을 만들어서 이동장 손잡이에 붙여 다니니 더 이상 묻지 않더라고요.

SRT를 주로 이용하는데요. 특실에는 짐 보관하는 곳에 안전벨트도 있어요. '유묘차(고양이 유모차)'가 큰 도움이 됐는데요. 고양이들도 안정되기 좋고요. 그래도 걱정되어서 복도에 있으니까 승무원이 표를 확인하더니 대신 봐주겠다고

배려해주셔서 편하게 간 적이 있어요. 일반실에도 열차 양쪽 끝에 캐리어 하나 정도 둘 수 있는 공간이 있어요.

이동봉사에 직접 참여하거나 봉사자를 구할 때 SNS로 만나나요? 주로 어떻게 활동을 하나요?

예전에는 그렇게 했는데 지금은 정확하게 어떤 활동인지 정확하게 아는 것만 참여해요. 사전 정보가 없으면 이동봉사를 포함해서 활동의 전체 취지를 모를 수도 있잖아요. 또 활동에 대한 사전 내용이 충분히 공유되면 오해가 없는데 가끔은 이것저것 묻는 게 상대방을 기분 상할 수도 있겠더라고요.

이동봉사에 참여하고 싶은 봉사자에게 해줄 수 있는 조언이 있을까요? 이동봉사 전 과정 중에 이런 점은 주의해야 한다는 것이 있을까요? 그리고 이동봉사에 참여하고 싶으면 어디에서 신청할 수 있는지도 궁금합니다.

아무래도 고양이들이 똥오줌을 눌 수도 있기에 그런 것도 감안해야 되고요. 고양이가 똥 싸고 오줌 싸고 하잖아요. 통덫이나 이동장 밑에 패드를 깔거나…. 물론 깐다고 해결되는 게 아니지만 마음을 조금 내려놓든지 아니면 미리 패드나 신문지 등을 준비하든가 해야죠. (웃음) 그리고 포획틀 때문에 차가 훼손될 수도 있어요.

수요와 공급이 많으면 카풀 구하듯 이동봉사 게시판이 활성화되겠지만 아무래도 지금은 힘들죠. 봉사자는 어느 정도 신뢰가 기본인데 그 부분이 확인이 안 된 사람한테 맡길 수도 없고요.

저희 단체(대구고양이보호연대)에서는 이동봉사를 구하는 사람이 어떤 도움이 필요한지 글을 올리면 가능한 사람이 무엇을 할 수 있는지 댓글을 다는 방식으로 소통하고 있어요. 난 이거 해줄 수 있는데 저것 좀 도와줘, 하는 거죠. 이게 현대사회에서 가장 합리적인 품앗이가 아닐까요.

느슨한 연대

혼자 활동을 하시다가 대구고양이보호연대를 조직했다고 들었어요. 블로그에 "길고양이들이 계속 행복했으면 좋겠는데 혼자 밥만 주는 건 지금만 행복한 일인 것 같아서 나 같은 사람이 많아졌으면 좋겠어서 단체를 만들었다."라고 쓰신 것이 기억에 남습니다. 개인으로 활동하다가 단체를 조직하게 된 경험에 대해서 얘기를 들을 수 있을까요?

저 혼자 다 돌볼 시간도 없고 돈도 없고 능력도 부족하니까요. 뭐든 사람이 모이면 뭘 해도 되거든요. 실제로는 더 절실하게 느끼고 있고요. 활동가 선생님들한테 배우는 게 진짜 많아요. 그래서 저는 이런저런 사람들이 갖고 있는 능력치를 모아서 혼자서는 힘들어도 다수라서 가능한 움직임을 만드는 게 제 역할이라고 생각해요. 이게 리더의 역할은 아니고요. 저 역시 일원으로서 제가 잘하는 걸 하는 거죠.

대구라는 지역을 기반으로 하는 오프라인 연대와 다양한 온라인 플랫폼을 기반으로 하는 연대 둘 다를 경험해 보셨어요. 앞으로 고양이 활동이 나아가야 할 연대의 모습은 무엇일까요?

각자 직접 몸을 움직이면서 서로 주고받는 것이 확실한 품앗이가 제가 생각하는 느슨한 연대예요. 특히 병원비, 사룟값 같은 비용에 대해서는 각자가 책임져야 해요. 무조건 의존하려는 사람보다는 의기투합하려는 사람들과 함께해도 부족하죠. 으랏차차!

온라인상으로는 여러 이슈에 대해서 진지한 생각들이 필요한 것 같아요. 무작정 공감보다는요. 어떤 사안에 대해서 각자의 검증과 고찰이 반드시 필요하다고 생각해요. 그런 게 활성화되면 좋겠어요.

또 동물 외에 대구에 대한 관심도 필요하다고 생각해요. 예를 들어서 구청 가서 자꾸 예산 높여달라고 해봤자 한계가 있잖아요. 특히 TNR 같은 정부 사업이 어떻게 돌아가고 있는지, 대

구와 다른 지역은 어떻게 다른지 이런 것도 살펴봐야 된다고 생각해요. 지피지기면 백전백승이라는 말이 진부하긴 해도 중요하죠. 여기저기 간담회에 가면 가끔 길고양이 TNR 시행규칙도 모르고 참여하는 분들이 있더라고요.

(SNS 고양이 활동)

인스타, 네이버 블로그, 페이스북, 네이버 카페 등 다양한 SNS를 사용하고 계신 것 같은데 활동하는 대구고양이보호연대에서는 어떤 SNS를 주로 사용하고 있나요? SNS마다 특징이 다를 텐데 각각 어떤 방식으로 사용하고 계신지 궁금합니다.

페이스북이나 인스타그램은 그 나름의 폐쇄적인 장점이 있으니 둘 다 활용하는 게 맞는 것 같아요. 유튜브도 하고 싶은데 아직 컨셉을 잡지 못했어요. 아직 시간이 없어서 엄두가 안 나네요. 대구고양이보호연대는 네이버 카페가 공식 소통의 장입니다. 어쨌든 아직까지 대구에서는 네이버가 짱이라서 거기서 소통하는 게 맞는 것 같아요.

다양한 온라인 플랫폼에서 많은 사람을 접하시면서 SNS의 순기능과 역기능 둘 다 경험하실 것 같은데 어떤 장단점을 느끼셨나요?

페이스북은 가끔 보면 고양이에 대해서 이상한 생각을 가지고 있는 사람들까지 포함해서 다양한 사람들이 모이는 것 같아요. 솔직히 그것 때문에 그곳에서 대구냥빠(대구 고양이 관련 페이스북 그룹)를 만든 것이기도 하고요. 그리고 가끔 시민들이 모여 만든 단체를 공공재처럼 활용

하는 걸 당연히 여기는 사람이 있어요. 메시지로 구조해달라는 사람들요. 정중하게 거절하면 대구고양이보호연대인데 왜 보호하는 일을 안 하냐고 화를 내요. '구조협회' 이런 단어가 아니라 함께 하자는 의미의 '연대'를 쓴 건데도 대부분 그런 건 구분 안 하니까요.

SNS은 사진 한 컷, 코멘트 한 줄로도 무한 공유가 이루어질 수 있다는 것이 장점이라 생각해요. 그래서 입양홍보에도 도움 되죠. 사실 입양홍보가 가장 중요해요. 평소에 모든 SNS에 씨뿌리고 농사를 짓듯이 소통을 하는 편입니다. 가입하자마자 홍보하면 다들 싫어하니까.

이동봉사뿐만 아니라 고양이에게 도움이 되고 싶은 사람이 당장 할 수 있는 일에는 무엇이 있을까요?

고양이에 대한 다양한 글을, 책과 기사를 읽었으면 좋겠어요. 우선 책에 대해 말하자면 요새는 길고양이에 관한 책도 제법 있고 고양이 자체에 대한 다양한 검증된 전문가들이 써놓은 확실한 정보가 많거든요. 고양이를 키운다고 고양이를 잘 아는 건 아닌 것 같아요. 그냥 내 고양이를 아는 거지. 봉사를 하고 싶다면 다양한 고양이를 이해하기 위해서 어느 정도의 이론도 필요한 것 같아요. 그리고 뉴스도 중요해요. 지역 곳곳의 길고양이 소식이 의외로 많아요. 어떤 이슈가 있는지 또 댓글의 분위기는 어떤지 한 번 확인하고요. 그렇게 보다 보면 본인이 무엇을 할 수 있는지 스스로 찾을 수 있다고 생각해요. *tac!*

필요하지 않으면 사지마세요,
동물과 사람 모두에게 좋은 굿즈

김지원
입양, 임보, 구조, 후원 및 봉사 경험을 바탕으로 소신을 밝힙니다.
장안동불주먹 레오의 보호자.
당연히 #사지않고입양했어요.
instagram @leo.zip
twitter @leo_zip

interviewer **mumu**
photographer **holi**

봉사팀 팀복 제작에서 우연히 시작된 독스니드집 후원굿즈 프로젝트는
8일 만에 206벌이라는 괄목할 만한 판매량과 함께 전액 후원이라는 약속
을 지켜냈다. 봉사팀 '똥만튀' 결성, 입양홍보 계정 '독스니드집' 운영, 그
리고 후원 굿즈 판매까지, 동물권 활동의 폭을 넓혀가며 치열하게 고민하
고 행동하는 레오 언니 김지원 님을 만나보았다.

독스니드집을 소개합니다

지원 님 반갑습니다. 지원 님과 독스니드집에 대해 소개해 주실 수 있을까요?

저는 어느 단체에도 속하지 않은, 그냥 강아지 레오의 보호자예요. '독스니드집'은 이름 그대로 "강아지들은 집이 필요해, 가족이 필요해."라는 뜻입니다. 인스타그램(@dogsneed.zip)에서 입양홍보가 필요한 아이들을 소개하고 있어요.

어떻게 독스니드집 활동을 시작하게 되셨고 어떤 방식으로 입양홍보 활동을 하고 계시나요?

독스니드집 계정의 원래 아이디는 leo.zip을 따온 ipdong.zip이었어요. 동네에서 구조된 '입동이'만을 위한 입양홍보 계정이었는데, 현재는 입양을 갔고요. 다른 강아지들도 함께 올려봤는데 나중에 연락이 오더라고요. 저로서는 되게 감사한 일이죠. 잘 가꾸어진 계정만으로도 개들이 이렇게 집을 찾아가니까 계속해 보면 좋겠다 해서 이후 독스니드집으로 이어가게 되었어요. 지금도 구조를 위해 직접 모르는 이와 교섭하고, 의식주부터 다친 아이들의 치료까지 정말 물심양면으로 힘을 쓰고 있는 분들이 계시죠. 그러나 막상 입양홍보는 잘 못하시는 경우도 꽤 많거든요. 어떤 아이들은 홍보만 잘해도 곧장 집을 찾아가는데 말이에요. 그런 경우 제가 구조자 혹은 임보자분 계정에 먼저 홍보를 해도 되는지 연락을 드린 뒤, 첫인상에 임팩트를 줄 수 있는 사진 3개와 함께 글을 편집해서 홍보하고 있어요. 혹은 직접 다이렉트 메시지(DM)*로 입양홍보 신청도 받고 있습니다.

  * 다이렉트 메시지(Direct Message) 인스타그램과 트위터 등 SNS에서 개인 메세지를 보내는 기능이다. 줄여서 DM이라고 부르기도 한다.

독스니드집은 '똥만튀'라는 봉사팀도 운영한다고 알고 있어요. 똥만튀 봉사팀이 굿즈 제작도 함께했고요. 똥만튀의 결성 과정과 활동 내용을 알 수 있을까요?

'똥만튀'는 독스니드집보다 먼저 운영하고 있던 봉사팀이에요. 그동안 몇몇 동물 단체가 고점으로 올라가면 안 좋은 문제로 와르르 무너지는 걸 보며, 후원을 하거나 봉사를 갈 때 어느 곳을 골라야 할지 고민이 되었어요. 그런 마찰에서 벗어나고자, '똥만 치우고 튀는 모임'이라는 뜻의 봉사팀을 결성했습니다. 저희 팀이 5명인데 한 달에 한 번 봉사를 가고 그 외에는 톡방이 조용해요. 밥이라도 같이 먹으면 10원 단위까지 다 칼분배합니다. 대신에 카풀은 센스 있게 해주고 그런 편이에요.

굿즈를 기획해 보자고 결정한 단계에서는 똥만튀라는 이름 대신, 좀 더 원활한 판매를 위해 독스니드집이라는 이름을 사용하게 되었어요. 사실 굿즈에 '똥'이 들어가면 사람들이 구매를 망설이지 않을까 싶었고요.(웃음) 독스니드집 산하의 봉사팀이 똥만튀라고 봐도 되니까요. 봉사를 나갈 때 똥만튀 팀원들은 아이들 사진도 예쁘게 찍고 독스니드집 아이디를 태그해서 올려요. 그러면 독스니드집 스토리로 공유가 되니, 입양홍보까지 맡아주고 계신 셈이죠.

마음은 봉사를 가야 되는데, 정말 가야 되는데 이러지만 그 한 발짝을 떼는 게 너무 어려워서 사실 못 갔거든요. 봉사를 해보고 싶지만 시작하기 힘들어하는 사람들에게 해주고 싶은 말씀이 있을까요?

저는 멀리 가서 똥 줍고 힘쓰는 것만이 진정한 봉사라고 정의하지는 않거든요. 사실 리그램, 리트윗 한 번도 저는 봉사라고 생각해요. 그걸 점차 넓

혀가는 것도 좋아요. 개인 계정에 '이불 후원 필요해요' 이런 소식들을 한 번씩 공유하다가 입양홍보 필요한 아이들도 자주 노출하고, 그렇게 주변에 내가 유기 동물에 관심이 있다는 걸 알리다 보면 마음이 맞는 사람을 찾아 같이 가게 돼요.

후원굿즈 문화에 대하여

독스니드집으로 입양홍보와 봉사를 하다가 후원을 해야겠다고 생각하신 이유가 있었을까요?

저희 봉사팀 똥만튀의 첫 반팔 팀복이 시작이었어요. 홍조 작가님이 좋은 마음으로 선물해 주신 팀복 시안을 공개했는데, 봉사팀이 아니어도 살 수 있냐는 문의가 이어졌어요. 문득 '한번 생긴 디자인을 팀복 이상으로, 좋은 방향으로 좀 더 써보자'라는 생각이 들더라고요. 그래서 후원 굿즈는 정당하게 장당 디자인비를 지불하고 기획했습니다. 제 계정을 통해 판매를 하게 된다면 타겟은 강아지 보호자들이 될 테니까 가을 겨울에 산책 교복처럼 입을 수 있는 긴팔 의류를 판매하자고 했고요.

SNS에서 유기동물 후원 문화가 활성화되어 있고 굿즈를 만들어서 후원하는 분도 많잖아요. 후원 굿즈에 대해 어떻게 생각하셨는지 그리고 그 생각이 어떻게 굿즈에 반영되었는지 궁금합니다

굿즈를 내기 전에 "유기견 후원 굿즈"를 한번 검색해 봤어요. 텀블벅, 와디즈 등 판매 채널이 다양하더라고요. 그런데 여러 채널 중에서도 인스타그램에서는 굿즈는 팔리고 있지만 그게 어떻게 후원이 되는지 혹은 후원을 했는지조차 불투명한 계정이 많았어요.

단가를 공개할 수 없으니 상세 비용까지 공지하기 어려운 부분은 이해해요. 하지만 후원을 하겠다고 약속을 했으면 최소한 후원 내역은 깔끔히 짚고 넘어가야 한다고 생각했습니다. 우리가 이 굿즈를 만든 목표는 오직 후원일 뿐이라는 게 공통된 생각이었고요. 그래서 가격 책정과 관련된 모든 값을 엑셀에 정리하고, 굿즈 제작에 참여한 사람들 모두에게 공유했어요. 그게 저희들이 옳다고 생각하는 '깨끗한 후원'을 성사시키는 유일한 방법이라고 생각했거든요.

두 번째로는 어디에 어떻게 후원할 것인가도 고민을 했어요. 어떤 단체에 후원을 하면 다른 사람들이 그럼 저기 깨끗한가 보다고 생각하고 후원할 수도 있잖아요. 깨끗한지는 내부자가 아니면 모르는 부분이고요. 혹시 모를 실망스러운 일들을 하고 싶지 않아서 우리가 자주 봉사를 가서 모니터링을 할 수 있는 곳에 보내기로 했어요. 돈으로는 하지 말고 물품으로 하기로 했고요. 봉사를 제일 많이 가는 단체의 스태프분들께 필요한 물건들을 직접 물어봐서 그거 위주로 후원을 했어요.

기획부터 제작, 발송, 후원까지 고생이 정말 많으셨을 것 같은데 앞으로 굿즈를 만들 때도 전체 후원으로 하시나요? 이런 얘기도 있잖아요 개인 활동가들이 계속 무급으로 일할 수는 없으니 돈을 받는 게 맞다는 의견이요

지금도 고민이 돼요. 해보니까 이게 보통 일이 아니네요. 사실 이번 후원은 거의 저와 팀원들의 인건비를 후원했다고 봐도 무방하고요. 하지만 저는 합법적인 과정을 추구하는 사람이고, 임의로 인건비를 책정하거나 탈세의 여지가 있

는 방법을 선택하고 싶지 않았어요. 첫 가을 굿즈를 기획할 당시, 저희 팀원들하고도 얘기를 했어요. 어쨌든 우리가 이왕 하는 거 전액 후원을 목표로 하고 싶다고요. 그리고 다들 좋아했어요. 그렇지만 만약에 정말 수요가 많아지면 일상생활이 어려울 것 같다는 생각이 들어요. 저뿐만 아니라 팀원들의 의견도 중요하고요. 아직은 방법을 고민하는 단계에 있긴 해요.

독스니드집 가을굿즈 제작기

처음 굿즈를 만들어 판매했는데 8일 동안 206벌이 팔렸다는 걸 보고 정말 대단하다고 생각했어요! 기획 과정을 들으니까 당연한 결과라는 생각도 들고요. 그 비결이 무엇이라고 생각하시나요?

저는 후원을 셀링 포인트로 쓰면 절대 안 된다고 생각해요. 때문에 "좋은 일 하니까 사주세요."라는 메시지도 던지지 않았어요. 좋은 마음으로 구매했다 할지라도, 잘 입지 않으면 환경에도 좋지 않을뿐더러 결국 동물을 위한 게 아니니까요. 필요한 소비라면 좋은 일에 쓰이니까 구매를 고려해 보세요, 내지는 쓸모없는 소비라면 진심으로 안 사셔도 된다는 얘기까지 했어요. 그 지점에 오히려 많이 동의하신 것 같아요. 진짜 꼭 필요한 소비가 될 수 있을까를 고민하고 판매했기 때문에 예상보다 더욱 판매량이 늘지 않았나 싶어요.

그리고 처음부터 끝까지 우리는 절대 수익을 가져가지 않겠다고 계속 약속했어요. 구매를 할 때 뭔가 망설여지면 안 되잖아요. 내가 사는 물건이 무조건 동물한테 도움이 될 거라는 확신을

계속 주려고 했기 때문에 많이 관심도 가져주시고 또 판매로 이어진 것 같아요.

처음으로 굿즈를 제작해서 후원을 하고자 하는 분들이 단계별로 유념해야 하는 게 있을까요?

일단 수요가 있는지를 먼저 봐야 할 것 같아요. 저는 초기에 팀복으로 해당 디자인 그리고 유기동물 후원 의류의 수요를 예상한 셈이잖아요? 판매를 시작하기 전에 어떤 방법으로든 니즈를 확인해서 일단 수요가 있는 판매를 해야 한다고 생각을 하고요.
그리고 이건 개인적인 바람인데 처음에 계획할 때 판매금액의 어느 정도를 후원하겠다는 목표를 세웠다면, 끝까지 가져가야 된다고 생각해요. "저 이런 거 후원 판매할게요" 했는데 생각보다 수요가 없어서 발표를 하지 않는 분들도 있어요. 이해는 가요. 열심히 했는데 너무 소액 밖에 안 모여서 민망하실 수도 있지만, 그래도 마지막 단계에서 정확히 얼마가 후원됐는지 꼭 공지하셨으면 좋겠어요. 앞으로를 위해.

수요가 어느 정도 있으려면 굿즈 선정도 되게 중요할 것 같네요. 혹시 단가는 낮으면서 퀄리티는 잘 나올 수 있는 상품이라든지 추천하고 싶은 상품이 있을까요?

저도 이 굿즈를 팔아본 게 전부라 잘은 모르겠어요. (웃음) 근데 하지 않는 건 있어요. 먹는 것, 바르는 것, 그다음에 강아지 하네스랑 리쉬요. 전문가가 제작하지 않는 이상 위험하니까요. 유명한 강아지 계정에서 공구한 제품으로 강아지들이 외상을 입어서 진짜 큰 문제가 일어난 적도 있었어요. 그래서 앞서 언급한 것들은 계획에 없습니다.

같은 굿즈여도 어떻게 판매하느냐에 따라 판매량이 다를 것 같은데 판매는 어떻게 진행하셨나요?

우선 판매 시기를 추석 연휴를 포함해서 잡았어요. 핸드폰 할 시기가 보다 많은 그 타이밍을 먼저 짚었고요. 그리고 "주말까지예요.", "내일까지예요.", "오늘까지예요." 이런 식으로 판매 마감을 꾸준히 공지한 덕에, 마지막까지 판매량이 많았던 것 같아요. 마감하는 날 거의 한 100만 원 정도 주문이 들어오더라고요.

굿즈 기획부터 후원까지 이 전체적인 과정을 똥만튀 봉사팀과 어떻게 일을 분담하여 진행했는지도 궁금해요.

똥만튀는 사실 봉사만을 위해 모인 사람들인데, 제가 굿즈까지 하자고 한 상황이라서요. (웃음) 기획과 진행은 제가 끌어가는 대신 주요 디테일한 부분에 있어 팀원들에게 의견을 많이 구했어요. 다섯 명 다 동의한 상황에서 다음 스텝을 진행하는 방식을 후원하는 단계까지 가져갔고요. 그 의사 결정 방식이 도움이 많이 됐어요. 당시에 소재를 기모로 하나 안 하나 고민도 꽤 했는데, 다수의 의견을 모아 결정하니까 결과가 합리적이란 생각에 안도하기도 했고요. 같이 고민할 사람이 많으면 많을수록 좋은 것 같아요.

다음 굿즈가 기대되네요! 봄 굿즈도 만드실 예정인가요? 봄 굿즈는 어떤 방향으로 기획하고 있으신지 미리 들을 수 있을까요?

할 것 같아요. 이번 굿즈 반응도 좋고, 이젠 이렇게 해야 되겠다 싶은 확신이 드니까요. 또 하면 좋겠다는 생각은 늘 있어요. 저는 미니멀리스트라 쓸모없는 소비를 되게 싫어해요. 그래서 하

SNS와 고양이

면 무조건 쓸모 있는 소비로 여겨지는 상품을 할 것 같아요. 어쨌든 잘 써야 좋잖아요. 얼마 전에는 레오랑 트위터의 보호자님들을 강아지 운동장에서 만났는데 다 저희 옷을 입고 계신 거예요. 그래서 "왜 이렇게 많이 입고 오셨어요." 했어요, 부끄러워가지고. (웃음) 산책 교복이 제가 딱 목표했던 바라 너무 좋았어요.

SNS 동물권 활동의 기쁨과 슬픔

동물권 활동에 인스타, 트위터, 블로그를 쓰고 계신 것 같은데 어떤 방식으로 각 SNS를 이용하고 있으실까요?

우선 블로그는 레오 입양기로 시작해서, 봉사 후기 등을 올리고 있어요. 이러한 정보 글들이 확실히 누군가에게 도움이 되는 것 같아요. 오래된 글인데도 보고 도움이 많이 되었다는 연락을 주시는 분들이 꾸준히 계세요. 너무 감사해요, 정말.
그리고 트위터에는 레오랑 살면서 하는 동물권에 관한 고민을 날 것 그대로 쓰기도 해요. 저처럼 고민하는 분들이 많아서 그런 얘기를 나누기 좋고요. 용도를 나누는 게 저로서도 편해서요. 레오 인스타그램은 일상을 기록하는 앨범으로 쓰고 있어요.

SNS를 기반으로 다양한 동물권 활동을 하시면서 SNS의 순기능과 역기능 모두를 경험하실 것 같아요. 하시면서 좋은 경험도 있고 안 좋은 경험도 있었을 것 같은데요.

둘 다 정말 엄청 많아요. SNS가 많은 역할을 하잖아요. 강아지 자랑도 하고 사람들이 그걸 보면서 좋아하기도 하고 정보를 공유하기도 하고 동물권의 방향에 대해서 논의하기도 하고요. 그렇게 교류하면서 정말 좋은 분들도 많이 만나요. 트위터를 처음 열었을 때 동네에 묶여 있는 개가 있었어요. 그 개 주인으로 보이는 사람한테 가서 이 강아지 보낼 곳이 생기면 보낼 생각이 있냐고 물었는데 흔쾌히 동의하더라고요. 그래서 단체 등록까지 해놓고 데리러 갔더니 말이 바뀌는 거예요. 15만 원에 데려가라고요. 그 개가 온 곳도 개 농장으로 추측이 되는 곳인데, 돈을 주고 데려오면 또 이 짓을 할 것 같아 해당 고민을 트위터에 올렸어요. 그때 한 분이 다이렉트 메시지(DM)로 굉장히 젠틀하게 운을 떼시면서 "쓰신 글 봤는데 15만 원 제가 보내드릴 테니까 아이들 구조 포기 안 해 주시면 안 될까요."라고 말씀하시는 거예요. 세상에 이런 분이 있구나 이 생각을 그때 처음 했어요. 상황을 설명드린 후에 결국 거절했지만, 정말 감사했습니다.

그럼 SNS로 동물권 활동을 하시면서 힘드신 점이 있다면 무엇이 있을까요?

아무래도 사람을 상대하는 것들이죠. 개를 돌보는 건 오히려 힘들지 않아요. 다른 구조자분들도 똑같은 얘기를 하셨고요. 입양 신청을 받기 시작하면 솔직히 이상한 연락도 많이 와요. 예전에 아는 보호자님이 구조한 강아지가 인기가 굉장히 많았거든요. 그 관심 때문에 별의별 연락도 많이 받으시더라고요. 어린아이가 말한 것 같은 말투를 썼다고 시비가 걸린 얘기도 유명하죠. 그걸 보면서 씁쓸했어요. 사실 모든 개가 "저 몇 살이고 가족 찾아요." 이런 식으로 소개돼서 다 입양까지 가면 그렇게 할 텐데요. 어떻게든 눈에 한 번이라도 띄어야 하니까 어쩌면 하고 싶지 않아도 하는 건데…. 그런 것도 보면서 나 힘든 건 힘든 것도 아니다 생각했어요. 그런 어려움을 함께 이겨낼 수 있는 좋은 분들도 엄청 많지만요.

앞으로 동물권 활동을 하시면서 보고 싶은 세상은 어떤 세상일까요?

어렵네요. 제가 아는 활동가분을 보면서 그런 생각했어요. 그분이 봉사하던 단체에서 개인적으로 실망스러운 일을 겪으셨는데 또다시 봉사를 가시더라고요. 그걸 보고 나니, '역시 미워하는 마음으로는 한 마리도 못 구해, 그런 거 생각하지 말고 그냥 행동하자.'라는 다짐을 하게 됐어요. 사실 몸보다 마음이 힘들었던 때가 기억에 늘 남아요. 때론 보이는 대로 믿는 게 아니라, 믿고 싶은 대로 보는 사람들도, 행동은커녕 말만 전하는 사람들도 만나게 되고요. 동물을 사랑한다면서요. 그래서 조심스레 언급하자면, 말도 좋지만 행동으로 보여주는 사람들이 더 많아졌으면 좋겠어요. 제가 똥만퉈 분들과 봉사 후기를 올리는 이유도 비슷해요. 저희 팀은 인원이 늘어나거나 팔로워가 늘어날 필요가 전혀 없어요. 그저 저희의 모습을 보고 서로 마음이 맞아 행동하는 제2, 제3의 똥만퉈가 많아지길 바라는 마음뿐이고요. 실제로 그렇게 제주팀(#똥줍퉈_제주)이 생기기도 했어요. 잠깐 지쳐도 다 같이 힘내서 직진하는 모습 보여주고 싶어요. 행동으로요. tac!

전국 방방곡곡
고양이의 집을 찾아서

까망맘
98년도부터 구조, 치료, 입양 활동을 하고 있다.
YouTube @날아라야옹

interviewer **mumu**
photographer **podo**

고양이와 강아지를 구조해서 돌보고 입양을 보내느라 24시간이 모자란 그녀에게는 병원 대기 시간이 거의 유일하게 틈이 나는 시간이다. 기다리며 틈틈이 '날아라야옹' 유튜브를 편집한다는 그녀의 시간은 그동안 어떻게 흘러왔을까. 강아지를 처음 구조해서 입양 보낸 1998년부터 지금까지 차곡차곡 쌓인 까망맘의 입양 노하우와 경험은 알음 알음 전국 각지의 고양이활동가와 활동 단체에 알려져 매거진 탁!에게도 들려왔고, 그녀의 시간을 잠깐 빌려 입양의 생생한 현장을 들여다보고자 했다.

까망맘 님 안녕하세요. 간단히 자기소개 부탁드리겠습니다.

저는 1998년에 강아지를 구조하면서부터 쭉 개인적으로 구조하고 치료하고 입양 보내는 일을 하고 있고, 2018년부터 단체 '달달한 동물세상'으로부터 부탁을 받아서 입양을 담당하고 있어요.

'달달한 동물세상'은 어떤 단체인가요?

'달달한 동물세상'은 부산과 울산지역에서 고양이를 구조하고 입양 보내고 있어요. 이 밖에도 지금은 코로나 때문에 진행하고 있진 않지만 길고양이 인식 개선, 입양홍보 문화 확산, 반려인 교육 등을 해요.

98년도에 강아지를 처음 구조하게 된 배경을 들을 수 있을까요? 어떻게 강아지, 고양이 활동을 시작하게 되셨는지 궁금해요.

98년도에 해수욕장에서 친구랑 핫도그와 꼬치 등을 장사하면서 다리를 다친 진돗개 아기를 만났어요. 인근 카페의 아이였는데 사장이 치료를 안 해주는 거예요. 안 되겠구나 싶어서 제가 그 아이를 데리고 병원을 갔어요. 치료를 하고 나아지는 중에 그 아이가 또 교통사고로 다친 거예요. 당연히 주인은 치료할 생각이 없고요. 그래서 사장한테 그냥 제가 아이 데려가도 되겠냐고 하니까 데려가라 하더라고요. 그게 시작이었어요. 그때부터 길에서 유기견이 계속 보이기 시작해서 구조해서 입양을 보냈어요. 그러다가 2007년도에 아기 고양이를 구조하면서부터는

고양이가 자꾸 눈에 들어오기 시작하더라고요. 그때부터 고양이들 많이 구조하고 치료도 하고 입양 보내고 했어요.

98년부터 시작하셨으면 엄청나게 많은 고양이와 강아지를 입양 보내셨을 것 같은데, 혹시 지금까지 몇 마리의 동물을 입양 보내셨는지도 기억하세요?

장난 아닐 거예요. 제가 구조한 아이들도 입양을 많이 보냈지만 서울, 부산, 울산, 충주, 광주 등 전국 각지의 고양이활동가들에게 부탁 받아서 많은 아이들을 입양 보냈고 보호소나 유기지정 동물병원에서 안락사 위기에 있는 아이들도 많이 입양 보냈거든요. 2018년도부터 지금까지 보낸 아이만 200마리가 넘었고 1998년도부터 입양을 보냈으니까 엄청날 거예요. 적어도 몇백 마리 되겠죠.

입양홍보할 때 고양이와 잘 맞는 가족을 찾아주려면 어떤 방향으로 글을 쓸지 고민이 되더라고요. 입양홍보 글을 쓸 때 까망맘 님만의 원칙이 있을까요?

저는 글을 길게 적지 않아요. 길게 적으면 사람들이 안 보더라고요. 그래서 요점만 간단하게 적어요. 간혹 입양홍보 글에 댓글 다신 분들 보면 짧은 글마저도 안 읽으신 분들이 계시더라고요. 그래도 사진은 보니까 사진에 아이들의 성격 같은 정보를 담은 문구를 넣어요. 구조이야기에 꼭 있어야겠다 싶은 내용은 그림을 그리기도 해요. 입양홍보를 할 때는 글보다는 영상이나 사진이 참 중요해요.

복산동재개발지역

천방지축뛰어다니는
"마린"

jamjam story

무서워서
이러

잼잼이는 쓰레기더미 폐가에서
혼자 울고 있었습니다

"에옹"~

그림으로 그리니까 글로 설명하는 것과 달리 한 번에 상황이 와닿네요. 사진이 정말 중요하다고 하셨는데 입양홍보 사진은 어떻게 찍는 게 좋을까요?

똑같은 아이들이라도 어떻게 찍느냐에 따라서 아이들이 완전 다르게 보이거든요. 실물보다 안 예쁘게 찍는 분들이 되게 많아요. 사람들은 눈으로 보는 게 우선이잖아요. 성격을 보면 좋겠지만 사람들은 눈에 보이는 게 먼저기 때문에 사진이 예뻐야 문의가 많이 들어오거든요. 실물보다 과장되게 찍을 필요는 없지만 실물보다 안 예쁘면 안 되겠죠. '뽀샵'도 절대 하면 안 되고요. (웃음)

그러면 입양홍보 사진을 잘 찍기 위한 방법을 알려주실 수 있을까요?

저는 임보자 님들한테 늘 "45도 각도, 45도 각도"라고 얘기해요. 45도 각도로 시선을 고정하고 찍으면 고양이가 알맞게 잘 나오거든요. 그래서 저는 한 손으로 카메라를 들고 다른 한 손을 흔들어서 시선을 고정하고 찍어요.

그리고 아이들이 원래 사진, 영상으로는 실물보다 커 보이거든요. 그래서 어떤 사람이 찍냐에 따라서 그 아이가 아기 고양인데도 성묘처럼 보이는 경우도 많아요.

그러면 고양이를 원래 크기대로 보이게 찍으려면 어떻게 해야 할까요?

이때도 45도 각도로 찍는 게 중요해요. 예를 들어 아이가 누워있을 때 네 다리가 다 보이게 찍으면 원래보다 커 보이거든요. 그리고 저는 클로즈업한 사진은 다 클로즈업했다고 적어놔요.

입양홍보하실 때 영상도 따로 만들어서 올리시는 것 같은데 영상은 어떻게 제작하고 계시나요?

예전에는 입양홍보를 할 때 영상을 만들어서 하시는 분이 없었어요. 제가 나무라는 고양이를 입양홍보할 때 처음으로 영상을 만들었는데요. 나무를 나무 위에서 구조하는 영상을 올렸더니 입양 문의가 엄청 많이 온 거에요. 그 당시에 사람들이 영상을 올리는 사람을 못 봤으니까 영상을 잘 만들어줘서 홍보가 잘 된 것 같다고 얘기를 하더라고요. 그래서 시간만 있으면 영상을 만들어서 올리려고 노력하고 있어요.

고양이가 가족과 행복할 때까지

입양신청이 들어오면 그다음의 절차는 어떻게 진행하시나요? 고양이와 입양신청자분이 함께 잘 살아갈 수 있을지 알기 위해서는 입양상담이 중요할 거 같은데 어떻게 신청자분과 대화를 나누시나요?

문의가 오면 설문지를 받고 상담전화를 진행해요. 제가 신이 아니잖아요. 모든 걸 다 알 수 없잖아요. 그래서 질문을 많이 해요. 사람들이 보통 생각해서 말을 하는데 바로바로 질문을 하게 되면 그냥 있는 그대로 얘기하는 경우가 많아요. 예를 들면 고양이를 키운 적이 있냐고 묻고 그 아이를 어떻게 됐냐고 여쭤보면 이러저러해서 누구 줬다, 개 농장에 보냈다, 이렇게 말하는 경우도 많아요.

그다음에 경제적인 부분도 봐요. 돈의 여유가 없으면 치료를 포기할 수 있기 때문에요. 병원비가 진짜 비싸거든요. 상담을 하다가도 애매한

경우에는 상담 내용을 강하게 해요. 병원비 부분을 많이 언급을 해요. 백, 이백, 천만 원까지 나올 수도 있다고 말해요. 정말 그런 일도 있기 때문에 모르는 일이거든요. 그런데 그렇게 말하면 회피하시는 분도 계세요.

그러면 설문지를 받고 전화하고서 바로 결정을 하시는 건가요? 아니면 그다음에 방문을 한다든지 또 다른 절차가 있나요?

입양 확정을 하고 직접 방문을 해서 최종 확정을 해요. 설문지로 집안 내부 환경 사진을 받기는 하지만 조금 부족해요. 또 방문을 하면 다른 가족 구성원도 만나는 경우도 많거든요. 제가 상담할 때 가족 하나하나를 다 상담하는 게 아니잖아요. 막상 가보면 다른 가족 구성원이나 집안 환경이 고양이를 입양할 준비가 되어있지 않은 경우가 있어요.

그리고 방문하면 치워야 할 것이 눈에 많이 보여요. 저희 집은 밖에 물건이 나와 있는 게 없이 다 안으로 들어가 있거든요. 고양이들이 위에 올라가서 밑으로 물건을 떨어뜨려서 다칠 수도 있기 때문에요. 그래서 방문해서 주의사항을 다 알려드려요. 방문 안 하면 무슨 일이 생기는 경우가 많아요.

까망맘 님의 입양계약서가 입양가정과 고양이를 돕기 위해 상세하게 잘 작성되어 있다는 느낌을 받았습니다. 입양계약서를 작성할 때 꼭 들어가야 할 내용이 있을까요?

일단 방묘창, 방묘문 설치는 꼭 들어가야 하고요. 외출냥이, 마당냥이로 키우거나 산책을 시키면 안 된다는 것, 이동할 때 안고 가면 안 되고 입구

가 잠긴 이동가방을 사용해야 한다는 것, 그리고 중성화 수술이랑 3차 접종도 적어줘야 해요. 아이의 소식을 전해주어야 한다는 것도요. 저는 영상통화도 요청할 수도 있다고 적어놨어요.

입양계약서는 자세할수록 좋은 것 같네요. 입양하시는 분들도 모르는 분들이 읽으면서 알게 될 수 있으니까요. 입양을 보낸 이후에는 어떻게 입양가족과 소통하고 계시는지요?

고양이 입양을 보냈지만 그게 또 고양이로 인해서 사람하고 인연이기도 하잖아요. 예를 들어 처음 고양이를 키우시는 분이면 잘 모르는 부분이 있을 수 있어요. 그래서 궁금하신 거 있으면은 부담 갖지 말고 연락 달라고 말씀을 드려요. 입양 간 후에 소식을 먼저 전해 주시는 분도 있지만, 연락이 없는 분들이 더 많아요. 문득문득 입양보낸 고양이들이 생각나거든요. 그럴 때 연락을 드려요. 그리고 다 챙기지는 못하지만 고양이들 생일 때, 입양자분 생일 때 연락드리고요. 입양자분이 선주묘가 있는 경우 그 고양이 이름도 메모를 해놓고 사람 아기가 있으면 아기들 이름도 메모를 해놔요. 그래서 안부 물을 때 같이 물어요. 누구도 잘 있죠, 이렇게요.

입양을 보내지 않기로 결정했을 경우에는 신청자분께 어떻게 연락을 드리고 있나요?

입양상담을 해보면 입양을 해서는 안 될 사람이 있거든요. 외출냥이로 키우려고 한다든지 방묘창이나 방묘문 설치를 왜 해야 하는지 모르는 분들이요. 그런 사람들한테는 그냥 입양이 안된다고 말하는 게 아니라 저는 왜 입양을 하면 안 되고 방묘창이나 방묘문이 왜 필요한지 설명을 했어요. 이미 고양이를 키우고 있어도 방묘

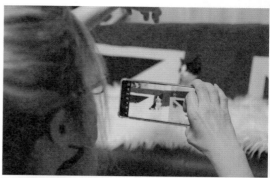

창이나 방묘문이 없는 경우가 있거든요. 둘째를 들이려고 입양신청했던 분들은 입양을 떠나서 그 집에 살고 있는 고양이의 안전을 위해서 말씀을 드려요.

SNS 동물권 활동의 기쁨과 슬픔

밴드, 유튜브, 인스타 등 많은 SNS를 사용하시는 것 같은데 효과적인 입양홍보를 위해서 SNS를 활용하는 방법이 있을까요? 각각 매체별로 특징이 다를 텐데 주로 사용하는 SNS는 무엇인가요?

입양홍보를 하려면 일단 밴드, 네이버 카페, 카스, 인스타 등 SNS에 모두 가입하고 글을 다 올려주셔야 해요. 한 군데 올려서 입양자를 찾을

수 있으리라고 기대할 수 없거든요. 저는 밴드 같은 경우도 지금 백몇 군데에 가입이 되어있어요. 고양이를 키워드로 활동하는 곳들로요.

SNS마다 나이대가 다른데 인스타그램은 주로 젊은 사람들이 많이 이용하고, 밴드나 카페는 30대 후반에서 50대인 분들이 많아요. 저희가 입양을 보낼 때 변동이 적은 나이대를 선호하다 보니까 인스타그램보다는 밴드와 카페를 주로 활용하고 있어요. 밴드와 카페가 문의도 많고요. 아무래도 나이가 있는 분들은 가정이 있고 아이

가 있다 보니까 안정적인데 나이가 어린 분은 결혼을 하거나 출산해서 고양이를 키우지 못하게 되는 경우가 있어요. 그렇지만 상담을 했을 때 믿음이 가면 부모님과도 상담을 해서 만에 하나 신청자분이 키우지 못하게 되더라도 부모님이 아이를 책임을 지고 키울 수 있겠구나 싶을 때에는 입양을 보내기도 해요. 최근에는 인스타그램으로 좋은 분께 입양을 보내서 정말 좋고요.

SNS로 이동봉사나 입양홍보 봉사자 등 많은 사람을 접하면서 좋은 일도 많겠지만 힘든 일도 많았을 것 같아요.

입양홍보를 할 때 제 전화번호를 올리거든요. 카톡 ID도 있겠지만 쉽게 연락을 할 수 있는 게 전화니까요. 제가 개인 구조 활동을 오랫동안 했던 사람이잖아요. 그러다 보니 사람들이 구조 제보를 너무 많이 해요. 또 성격상 그런 얘기를 들으면 그냥 못 넘어가거든요. 제보한 사람이 책임을 지면 되는데 책임을 안 지는 분들이 대부분이에요. 구조가 되면 그 사람은 발 뻗고 자겠지만 저는 고양이를 구조하고 치료하면서 든 병원비가 얼마예요. 그런 일이 너무 많아서 나중에는 제 닉네임을 바꾸기도 했어요.

까망맘 님 같은 사람이 많아져야 까망맘 님의 짐도 줄어들텐데요.

그렇지만 아이들을 구조하고 입양 보내면서 한 번도 후회한 적 없어요. 아픈 고양이가 사람의 눈에 띄는 건 그 아이의 운이잖아요. 그 아이의 운을 이어서 행복하게 살 수 있게끔 할 수 있는 건 사람이기 때문에 그래서 해야 한다고 생각

해요. 내가 아니었으면 얘네들 어떻게 되었을까 생각하면 돈이 아무리 많이 들어갔다 해도 후회는 없어요.

입양홍보로 고양이 활동을 시작하고 싶어 하는 사람에게 해주고 싶으신 말이 있을까요?

입양홍보를 이제 막 시작하시는 분들 보면 입양을 열심히 하시더라구요. 그런데 입양을 많이 보내는 게 중요한 게 아니라 잘 보내야 되거든요. 외출냥이로 키우겠다고 해서 입양을 거절을 한 분께 다른 분이 2마리를 입양 보냈는데 중성화도 안 시키고 해서 문제가 컸던 일도 있고요.

입양 보낼 때에는 방묘창, 방묘문 설치가 되었는지 꼭 확인해주세요. 그냥 보냈다가 고양이를 잃어버리거나 아이가 낙사하는 경우가 많거든요. 그리고 입양계약서는 문제가 생길 때를 대비해서 항목으로 꼭 적었으면 좋겠어요. 마지막으로 입양을 보낼 때 가정방문을 할 수 있으면 하는 게 좋아요. 방문이 어려운 경우 그 지역에 사는 고양이를 잘 아는 지인에게 부탁하는 것도 좋아요.

그동안 쉴 틈 없이 달려오셨는데 앞으로 활동의 방향이 어떻게 되시나요?

유튜브를 열심히 하고 싶어요. 주변에서 자꾸 유튜브를 하라고 하니까 해야겠다 싶어서 시작한 게 지금 구독자가 870명인가 그래요. 유튜브를 시작한 것에는 제가 아는 지식이 사람들한테 도움이 됐으면 좋겠다는 생각도 있었거든요. 아무래도 고양이 케어 경험이 많다 보니까 이런 부분을 많이 알잖아요. 유튜브에 잘못된 정보가 공유되는 경우도 많이 보는데 그런 것도 엄청 신경

쓰이거든요. 도움이 됐으면 좋겠다 싶어서 시작
했는데 집중해서 할 시간이 없네요.

까망맘 님께 제 시간을 나눠드릴 수 있다면 그러고
싶네요. 유튜브를 통해 까망맘 님이 23년 동안 쌓
아오신 귀중한 경험과 지식이 널리 공유되고 동물
권 활동을 함께하는 사람이 많이 생겼으면 좋겠습
니다. *tac!*

#사지말고_입양합시다

뽀미

처음에는 낯가림이 있지만 곧잘
사람에게 다가오는 성격입니다.
생후 2주때 다리가 부러진 상태로
전체 미용이 되어있는 고양이와
함께 버려졌습니다.
요들리와 친합니다.

21년 4월 9일생 추정
8개월령 암컷
3차접종, 광견병 접종, 중성화 완료

입양 문의
카카오톡 id n105374

요들리

사람 좋아하는 고양이
생후 한달 보름 정도 되었을 때
공장에 엄마 없이 많이 굶은 상태로
제보가 들어와서 구조했습니다.
뽀미와 친합니다.

21년 4월 15일생 추정
8개월령 암컷
3차접종, 광견병 접종,
중성화 완료

입양 문의
카카오톡 id n105374

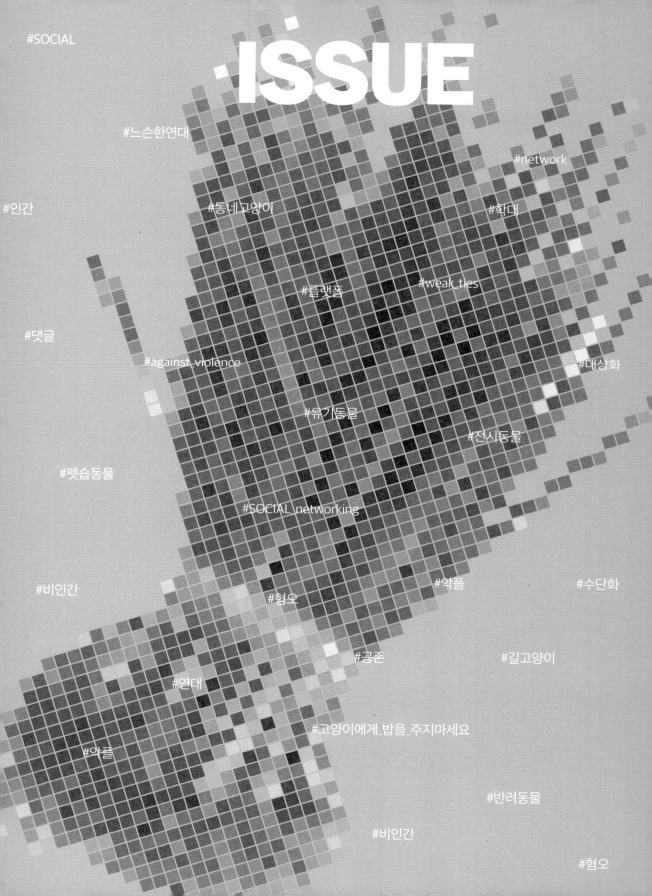

트위터의 작고 지속 가능한 후원 운동
쪽파까기

고양이 박람회 참가를 준비하느라 바쁜 일정을 소화하고 있는 훅끼 작가의 작업실을 찾았다. 식물들이 쉬고 있는 자그마한 온실, 한창 작업 중인 아찔할 정도로 귀여운 작품들, 그리고 한 쪽에는 고양이 임시보호에 필요한 2층짜리 케이지가 보였다. 만 명이 넘는 팔로워를 보유하고 있는 트위터리안인 훅끼 작가는 트위터에서 구조와 치료가 필요한 동물을 후원할 수 있는 '쪽파까기'라는 모금운동을 만들었다. 쪽파까기 운동은 쪽파 한 단을 까듯, 각자 부담되지 않는 한에서 자유롭게 기부하자는 운동으로, 상대적으로 가볍게 참여할 수 있기에 더 활발하게 진행되고 있는 모금운동이다. '쪽파를 까자'라는 말은, 이제 후원을 독려할 때 사용되는 대중적인 표현이 되었다. 손끝으로 쪽파를 까고 손끝에서 사랑스러운 자태의 고양이를 만들어내고 있는 훅끼 작가를 만나보았다.

interviewer **mattew**
photographer **podo**

훅끼씨네
고양이 옆에서 그림 그리고
계속 만듭니다.
instagram @art_krrrhooky
twitter @krrrhooky

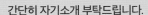 안녕하세요. 😃

간단히 자기소개 부탁드립니다.

 제 명함에 늘 쓰는 건데요. 고양이 옆에 있고 그림 그리고 그릇 만드는 신혜원입니다.

인스타그램에는 2016년도부터 작업을 시작하셨더라고요. 정확히 언제부터 시작하셨나요?

 저도 정확히 기억은 못 하지만 2007년이나 2008년 같아요.

그때 제가 쓰는 건 그냥 다 만들었어요. 책도 만들어서 쓰고 노트도 만들어서 쓰고요. 요리를 좋아하니까 그럼 내 밥그릇, 국그릇, 술잔은 내가 만들겠다는 생각으로 시작한 거였어요.

고양이를 소재로 작품을 계속 만드셨던데 왜 고양이를 선택하셨나요?

 저희 집 첫째 고양이 '센'이라는 친구가 올해 늦봄에 22살의 나이로 떠났어요. 센은 번식묘였어요.

구조해서 오래 같이 살았죠. 그 오랜 기간 동안 제가 쓰려고 만든 물건들이었어요. 그 물건들에 내 고양이가 있으면 더 좋으니까요. 그렇게 시작을 했는데 제 고양이인데도 좋아해 주는 사람들이 늘어나고, 자기 고양이도 만들어 달라는 분들도 계시고 그런 과정을 거쳐서 판매로 이어졌고 업이 되었습니다.

트위터 아이디인 '후루룩구루룩 훅끼'라는 이름도 독특해요.

 제 이름은 그냥 훅끼거든요. 훅끼는 시츄였던 제 첫 번째 동생 이름입니다.

'너 내가 먹여 살리니까 네 이름이라도 빌려줘,' 이러고서 '네 이름 귀여우니까 내가 좀 쓸게.' 그렇게 사용하기 시작했고 익숙해져서 쭉 쓰고 있어요. 큰 의미라고 말할 건 없어요. 저와 계속 함께 살아온 애들이고 정말 너무 사랑하니까 이 이름을 버릴 수 없죠. 그리고 작업실에 있는 고양이들은 홍대 건물에서 살 때 작업하는 동료들이랑 구조해서 입양 보낸 애들이에요. 저희 집 애들은 실제로 그렇게 크진 않거든요. 저랑 제 작품만 엄청 계속 동그래지고 있죠.

작업하는 고양이 작품의 모델이 따로 있나요? 🐱

 턱시도 고양이의 모델은 서교동 놀이터에 있던 고양이에요. 서교동 고양이들을 잡아서 중성화 수술을 시키고 방사하고 있었는데 어느 날 주변에 술집 식당에서 약을 풀었어요. 고양이 몇 마리가 죽었죠. 바로 다음 날 퇴원해서 방사할 애도 있었는데, 어떻게 될지 모르는 위험한 상황이잖아요.

당시 서교동에는 턱시도가 남자애들이 서열이 제일 높았고 자꾸 새끼 중에 까만 애들이 많이 나오고 있는 상황이라 잡으려고 애를 좀 썼거든요. 결국 잡히긴 했는데 또 동네에서 약을 푸는 일이 생길까 봐 방사하지 못하고 입양을 보냈어요. 근데 입양을 아주 잘 갔어요. 잘생겨서. 😊 턱시도들이 딱 대칭이면 뭐랄까, 매정하게 잘생긴 느낌이거든요.

작품 속 모델들이 다들 사연이 있는 친구들이네요. 입양도 많이 보내셨군요.

 입양을 진짜 많이 보내봤어요. 저는 막 "이쁘다. 이쁘다." 하는 사람은 사실 믿지 않아요. 경험해 보니깐 강아지 같은 애들을 원하는 사람보다 "이사나 같이 다니면 되죠."라고 말하는 사람이 파양률이 거의 없었어요. 왜냐하면 애초에 얘한테 큰 기대를 안 하고 데려가는 사람이라 "이름을 불러도 오지 않아요."라는 불만을 하질 않죠.

지금은 그런 사람들에게는 입양 보내지도 않지만 20대 때는 이 사람이 어떤 사람인지 잘 몰랐어요. 당시에는 고양이가 길에서 자는 것보다는 집 안에서 자는 게 더 중요해서 보냈었죠.

그 당시에도 인터넷상에서 활동하셨나요?

저는 큰 커뮤니티에서는 활동을 거의 안 했고 조금 음지에 있었어요. 일 년에 한두 번은 꼭 커뮤니티 안에서 갈등이 생기는데 저는 싸울 성격도 못 되고 지켜보고 있으면 너무 스트레스받더라고요. 그래서 2005년도에 고양이 관련 모임 잠깐하고 그 외에는 거의 활동하지 않았어요. 유명한 커뮤니티에 아이디는 있는데 활동을 하나도 안 하는 사람들 있잖아요. 제가 그랬거든요. 그러다가 탈퇴 당하고 ☺

2005년? 2008년? 이때는 디시인사이드에 고양이 갤러리가 있었거든요. 그때 디시인사이드는 지금 디시인사이드랑은 좀 달랐어요. 갤러리에서 활동하던 사람끼리 모여서 고양이 전시하고 그랬거든요. 사람들 중에 카페 하는 사람도 있었어요. 사람들이 자기네 고양이 사진 보내면 총대 멘 사람이 인화하고 그 카페에서 전시하곤 했죠. 홍대에 빨간 대문이 있는 카페였어요. 4회까지 전시했던 것 같아요. 그런데 어느 날 어떤 사람이 갤러리에 고양이 학대하는 사진을 올리기 시작하더라고요. 너무 스트레스받아서 그때 바로 탈퇴했어요.

2000년대 디시인사이드 야옹이갤러리는 지금의 갤러리와는 많이 달랐네요. 지금은 동네 고양이와 고양이활동가들을 혐오하는 의견으로 가득 차있는데요. 🙀

가끔 트위터에서 "옛날에 디시인사이드에서 당신 집 고양이 본 적이 있다. 근데 최근에 무지개다리 건넜다는 얘기 듣고 되게 마음이 아팠다."라는 다이렉트 메세지가 와요.

그분이 "내가 좋아했던 사진이 이거다."라고 저한테 보낼 때가 있거든요. 덕분에 저도 오래간만에 저희 애들을 볼 때가 있어요. 너무 감사하죠. 하지만 지금은 없어져야 된다고 생각하는 사람 중에 한 명이에요. 어느 순간 전체적으로 유해해졌어요.

안타깝네요. 지금은 SNS 중에 트위터를 가장 많이 사용하시는 걸로 알고 있습니다. 어떤 용도나 목적으로 사용하고 계세요?

트위터는 피드백이 굉장히 빨라요. 그리고 배울 점이 진짜 많고요. 진짜 친한 친구가 실수하면 정신 차리라고 한마디 해주는 거랑 비슷해요. 어떤 이슈에 대해 예전 저의 생각이 궁금해서 초창기 때 글들을 가끔 보는데요. 노키즈존을 조용해서 편하다고 생각했더라고요. 진짜 부끄럽고 수치스러웠어요. 그래서 트위터 가족들에게 감사해요. 스스로 비상식적인 사람이 안 되려고 노력해야 한다고 생각합니다. 실제로 노력 없인 안된다고 보고요.

그리고 제 작업을 좋아해 주시는 분들이 조용히 마음을 눌러주시거나 다른 사람들에게 "이거 좀 봐라. 귀엽다!"라고 해주시는 것도 엄청 감사해요. 그리고 사람마다 다르겠지만 저는 트위터 친구들이 제일 거리감 있게(?) 배려해 주셨어요. ☺ 사람들이 '멀리서'도 따뜻하고 상냥해요. 그게 너무 좋습니다.

쪽파까기의 탄생 : 왜 '쪽파'였나?

훅끼님은 트위터에서 '쪽파까기'라는 구조와 치료가 필요한 동물을 위한 모금운동을 만드시기도 했어요. 어떻게 만들게 되신 건가요?

후루룩구루룩 훅끼
@krrrhooky

길냥에게 하는 후원은…
여유가 있어서 하는게 아니다
부끄럽지만 3-5천원도 한적있고
만원도 한적있고 십만원도 한적 있는데
그때그때 쪽파다듬는 마음으로 한다
한사람이라도 더 붙으면
다같이 쉴 시간이 좀더 생긴다
뭔소란지 모르면 쪽파 한단 까봐ㅋㅋ
진짜 한손만 붙어도 금방 다듬음

Translate Tweet

10:13 AM · Jul 29, 2018 · Twitter for iPhone

1,738 Retweets   5 Quote Tweets   839 Likes

사람들을 모금운동에 참여시키고 싶었어요. 그리고 저는 그 책임이 크다는 걸 알고 있었고요. 사람들에게 큰돈을 바라고 싶지도 않았어요. 남의 돈은 무서우니깐요. 전화 한 통에 3천원 기부되는 시스템 있잖아요. 이 정도는 다들 부담 없이 참여하잖아요. 3천 원씩 10명만 되면 3만 원인데 그러면 고양이가 주사 한 번 맞을 수 있다고 생각했어요.

저는 요리하는 것도 되게 좋아하거든요. 집에서 파김치도 진짜 많이 담가 먹고 담가서 친구들에게 나눠주기도 해요. 사실 저는 요리를 좋아하니까 만드는 과정이 힘들진 않지만 쪽파를 까는 시간이 너무 달라요. 혼자 깠을 때는 1시간 반 정도가 걸리는데 한 명만 더 붙어도 진짜 시간이 확확 줄어요. 1시간 반이었던 쪽파까기가 20분이면 끝나거든요. 그때 생각해낸 게 '쪽파'인 거예요.

그리고 제 트위터 팔로워는 고양이 좋아하는 사람도 많지만 술이랑 음식 좋아하는 친구도 많거든요. 술과 고양이와 음악을 좋아하는 사람들이 모였죠. 그래서 그럼 이 사람들은 내가 뭐 얘기하는지 분명히 알 거다 생각해서 '쪽파까기'라고 썼어요. 가볍게 동참하는 마음을 만들고 싶었어요. '조금 가벼우면 어때?' 그리고 '남 도와주는 거 자랑하면 어때?'라는 생각이 있었어요. 결과적으로 애 하나 살렸잖아요. 지금까지 많이 살렸죠. 그리고 저는 혼자 큰돈으로 한 친구를 도와줬을 때 저한테 많이 고마워하는 것도 싫더라고요. 인사받고 싶지도 않고 그래서 이런 방식이 더 좋았어요. 버리는 돈은 절대 아니지만 그래도 나한테 큰 부담 없이 시작할 수 있잖아요. 작은 부담감을 가지고 여러 명이서 시작하는 거죠. 혼자 끄덕일 수 있을 정도의 부담감으로.

저는 그저 앞에 사람이 문 열고 들어갔을 때 뒷사람 문 잡아주는 정도 딱 그 정도로만 이런 작은 부담들이 이어져 갔으면 좋겠어요.

혹시 쪽파까기 운동을 하면서 특별하게 기억에 남는 동물이나 사람이 있나요?

종양을 달고 있던 개가 있었어요. 트위터에서 봤고요. 근황은 인스타를 통해서 가끔 봐요. 잘 살고 있더라고요. 종양을 달고 있고 그 상태로 살아가야 하는 아이들이 있거든요. 그런 애들은 꾸준히 돈이 들잖아요. 그래서 그런 애들을 보면 보호자들도 걱정돼요. 돈이 어느 정도 있다면 안 해도 되는 걱정을 하게 돼요. 검사가 다섯 개인데 두 개밖에 못 할 수 있으니깐요.

그러다 얘가 잘못되면 그때부터 너무 자괴감 들고 죄책감 들고 그러는데 그걸 저도 알거든요. 사람들이 도와주면 검사를 다섯 개 다 못 받아도 네 개까지는 받을 수 있다, 이런 생각을 갖고 있어요. 그런 생각으로 돕는 거라서 제가 도왔던 아이들은 기억 잘 안 해요. 그리고 도왔는데도 불구하고 떠난 애들도 있거든요. 아이를 떠나보낸 보호자들은 도움이 필요한 다른 아이들을 찾아서 기부하시더라고요. 그래서 그럼 됐다. 그럼 또 다른 애가 살면 됐지. 그런 정도.

지속 가능한 '쪽파 릴레이'를 위하여
🏃🏃🏃🏃🏃

구조한 다음에 치료비를 모금하는 거에 대해서 '무모하게 구조하는 거 아니냐.'라는 비판적인 의견을 가진 트위터 사용자들도 꽤 있어요.

 저는 우리 작업실에 들어오는 애들만, 내 차에 들어온 애들까지만, 할 수 있는 정도만 케어해야 한다는 생각이 있어요. 지속 가능할 수 있게. 비판하는 건 아니지만 무작정 구조를 반복하면 꾸준한 활동을 못 한다고 생각해요. 우선 사람이 너무 힘들어지고 피폐해지거든요. 심하면 고양이를 원망하는 경우도 있으니깐.

풍족한 생활은 아니더라도 인간답게 사는 그런 생활 있잖아요. 일어나서 씻고 밥 먹고 내가 나를 잘 돌보면 삶을 살아가고 있다면, 애를 돌보는 거는 누가 뭐라고 절대 안 하죠. 하지만 나를 돌보는 것도 힘든 사람이 무작정 구조하는 건 둘 모두한테 좋지 않은 결과를 만들어 낼 수도 있어요.

혹시 선구조 후모금에 대한 비판적인 시선이 구조 활동을 움츠러들게 하는 건 아닐까요?

 나라에서 할 일인데 나라에서 안 하고 있으니깐 측은지심이 강한 사람들만 힘들어지는 거예요. 저는 누구의 의견이 맞는 건지, 개인과 개인으로 의견 대립으로 바라볼 게 아니라고 생각해요. 한쪽을 비판하기보다는 제도적으로 잘 뒷받침되어 있으면 무조건 해결될 문제라고 봅니다. 측은지심이 있는 사람이 고양이를 데려다가 병원에 데려다준 다음, 나라에서 지원받는 병원에서 얘를 치료를 하고 영수증을 떼는 거죠. (이것도 엄청 투명해야겠죠. 안 그러면 얘가 또 죽어나갈 테니까.) 옛날에는 그렇게 많이 안 보였는데 키우다보면 길에 도움이 필요한 친구들이 잘 보여요. 그 마음 알죠. 구조에 대한 의견이 개인마다 서로 다를 수 있어요. 그래도 저는 "구조는 엄청 신중하게 결정하셔야 합니다."라고 말해요.

모금운동을 악용하는 사람들도 있지 않나요?

 맞아요. 그게 제일 걱정이에요. 거짓말하는 사람들이 있어서. 분탕질한다고 그러죠. 진짜 그러면 기운이 훅 빠지는데 이 부분에 대해서 어떻게 해결해야 할지 저도 늘 고민입니다.

🤔

쪽파까기 할 때도 돈이 필요한 사람이 여러 기준에서 투명하면 해요. 투명하지 않으면 안 해요. 그래서 가끔 쪽파를 까자고 하는 글 보면, 맨 처음 게시된 글이 있잖아요. 그 글을 엄청 읽어봐요. 수소문해 보고 구글링도 하고 여러 방면으로 알아봅니다. 거짓말로 모금하는 걸까 봐 진짜 걱정되거든요.

인스타에서 후원 활동을 하시는 분이 올려주신 글을 보면 "명확한 영수증과 지속적인 피드백이 없다면 후원하지 말자."라고 하세요. 저도 같은 생각입니다. 왜냐하면 "후원을 받으면 이렇게까지 해야 해요?"라고 말하는데, 저는 해야 한다고 봐요. 왜냐하면 자기를 믿어주는 사람을 향해, 적어도 그 정도의 노력은 해야 한다고 보니깐. 사람들이 고양이 도와주고 싶어서 마음을 모은 건데 그런 과정은 거쳐야 하는 게 맞죠.

구조 후, 초기 단계가 사실 중요해요. 구조 과정, 치료 후 경과가 어떤지 정도는 올려줘야 한다고 생각해요. 몇천 원 후원하고서 그 친구를 평생 관리하겠다는 게 아니잖아요. 애가 좀 괜찮아지는지 정도는 보고 싶고 걱정하는 마음은 있으니깐요. 나한테 직접 메일을 보내라는 게 아니라 그 아이 계정 하나 만들어서 상황이나 안부를 올려주는 쪽으로 문화가 만들어졌으면 좋겠어요. 어떻게 생각하면 당연하기도 하고요. 물론 구조하고 치료하고 수술하고 케어하는 이 과정들이 모두 다 너무 힘들어요.

그래서 구조자의 마음이 피폐해질 수는 있어요. 하지만 후원을 받겠다는 건, 이 힘든 과정들을 오픈하겠다는 다짐도 포함되어 있는 거라고 생각해요.

고양이를 사랑하는 SNS 사용자들로서 동물권의 인식 개선을 위해서는 어떤 노력을 해야 할까요?

동물권을 더 좋은 쪽으로 나아가게 하기 위해서, SNS라는 생태계에서 기본적인 윤리가 필요하다고 생각해요. 저는 속으로만 지지하지 말고 각자 할 수 있는 최대한으로 오픈하는 것도 방법이라고 생각해요. 우선 트위터라는 SNS로 한정해서 본다면, 동물권 이슈를 퍼 나르는 것도 굉장히 중요하다고 생각하거든요. 예를 들어 녹색당에서 어떤 움직임이 있다면 그 정책이나 이슈를 지지하는 모습을 보여주는 거죠.

문제를 수면 위로 끌어올리는 거군요.

수면 아래에 있는 문제들이 수면 밖으로 나와야 논쟁거리가 되니깐요. 사람들이 반대를 하든 찬성을 하든지 아무튼 한 번은 생각할 기회를 제공받을 수 있잖아요.

동물권이 있는지 없는지 모르는 사람들도 많잖아요. "동물권이 신조어야?"라고 물어 보는 사람들이 있거든요. 그런 사람들한테 "어디 가서 무식하다는 소리 듣는다."라고 말하는 사람들이 더 많이 나와야 한다고 생각해요.

동네고양이 입장에서 본다면 SNS는 고양이를 구조하고 입양홍보를 하는 등 매우 유용한 공간이기도 하지만 동네고양이의 위치가 노출돼서 학대로 이어질 수도 있는 위험 공간이기도 합니다. SNS를 통해서 학대 영상을 공유하는 범죄도 일어나고 있고요. SNS로 인해 동네고양이들의 삶이 더 힘들어진 건 아닐까요?

 지금은 동물 학대가 SNS를 통해 이슈화가 되고 있잖아요. 과거보다는 상황이 나아지고 있다고 생각해요. 동물을 학대하는 사람들은 늘 존재했어요. 많았고요. 저는 동물 학대가 결국 아이와 노인을 향할 거라고 사람들에게 말하고 다녀요. 이 동네고양이들 다 죽으면 그다음은 애들이라고.

이렇게 강하게 이야기를 해야 듣더라고요. 계속 "고양이를 살려야 합니다"라고만 말을 했을 때는 듣지 않더라고요. 사람들이 알아야 하는 사건이 많아지고 있고 사건을 빠르게 다수에게 전달하기에는 SNS가 최적이에요. SNS가 순기능이 있다고 생각하는 편은 아니지만 최대한 활용해야 한다고 생각합니다.

이제는 트위터 사용자들이 쪽파까기라는 용어를 자연스럽게 사용하게 됐어요. 이 운동이 어떤 방향성을 가지고 지속되길 바라세요?

 웹툰 〈탐묘인간〉 그리신 SOON 작가님 아세요? 〈우리 집 묘르신〉도 그리신 분인데, 유명하신 분이거든요. 그분이 쪽파까기 운동에 관해서 그리셨더라고요. 실은 개인적으로는 큰 의미를 두진 않았고 이 운동이 나아갈 방향에 대해서도 깊게 생각하지 않았어요. 그런데 웹툰으로 그리신 걸 보니깐 SOON 작가님이 오히려 쪽파 운동을 사람들에게 알리려고 하셨다는 생각이 들더라고요. 나중에 좀 유명해지면 쪽파 재단을 만들어보고 싶다는 생각은 해본 적 있어요. 그렇게까지 큰일은 못할 것 같은데 원대한 꿈은 역시 한편에 두는 건가 싶기도 하고요.

쪽파재단 너무 좋네요. 고양이들을 위한 유토피아 아닐까요?

주식회사 '김장' 이렇게 만들어서 "돈은 동네 고양이들한테만 쓸 거야!" 친구들이랑 로또 사놓고 맞춰보지도 않고 맨날 그런 얘기 해요. "긁지 않은 복권이 있다. 그래서 우리 여기서 1차고, 2차는 호텔로 놀러 갈 수도 있어." 이러면서, 맞춰보지는 않아요. 왜냐하면 그냥 이렇게 떠드는 게 좋아서. 친구들이랑 "1등이 대충 세금 떼고 10억이라 치고 로또 되면 그 돈으로 재단을 만들어서 한 3억은 동네고양이한테 쓸까? 조금 넓은 데로 이사 가서 애들을 더 구조를 해볼까?" "야, 근데 재단은 어떻게 만드는 거야?" "몰라." 이런 이야기를 하죠. 사실 쪽파재단은 작게라도 만들 수 있잖아요. 현실적으로 가능하지만 아직 준비가 안 됐을 뿐. 그래서 '유토피아?'라고 물으시면, 동물한테 큰 악감정이 없는 곳이, 제가 생각하는 유토피아에요. 예뻐해달라는 것도 아니고 그냥 내버려 두는 곳이죠. 약한 존재들을 경시하는 태도, 그리고 그 약한 존재를 향해 해를 가하는 사람들, 그리고 그 사람들에 대한 법적 처벌이 낮다는 게 저를 분노하게 만들어요. 처벌이 높다면 사람들이 범죄를 쉽게 저지르지 않을 거예요. 동물한테 큰 관심이 없어도 되니깐 모든 사람들이 기본적인 측은지심만 있었으면 좋겠어요. '먹을 게 없으면 배가 고프겠지.' 하는 딱, 그 정도의 공감대요.

고양이를 만난 후, 세계관에 어떤 변화가 있었냐는 질문에 흑끼 작가는 "없어요." 라고 담담하고 담백하게 대답했다. "고양이와 함께하는 삶 자체가 곧 일상"이라는 말과 함께. 인터뷰를 진행하면서, 마음이 맞는 지인들과 동네고양이들을 살린 경험이 한두 번이 아니었다는 걸 알게 되었다. 하지만 그 경험들은 흑끼 작가에게는 특별한 일도 대단한 자랑거리도 아니었다. 그녀에게 동네고양이를 돌보는 삶은 너무나도 당연하고 익숙한 일상이었다. 그래서 우리가 '쪽파까기'를 통해 '후원'이라는 조금 무겁고 부담스러운 단어를 일상으로 데리고 들어올 수 있었던 건 아닐까. 혐오로 가득한 SNS 활동에 지친 많은 사람이 쪽파를 까면서 서로의 마음을 확인할 수 있었고 그로 인해 많은 위로를 주고받았으며 무기력함으로 지친 마음을 잠시나마 내려놓을 수 있었다. 주식회사 '김장'이라는 이름으로 '쪽파재단'이 만들어질 그날을 기대해 본다. *tac!*

오늘 인터뷰해 주셔서 감사해요. 따뜻한 연말 보내세요. ♡ ♡ ♡ ♡

감사합니다.

재작년 가을, 비가 제법 많이 내리던 어느 날, 미아동의 한 카페에서 나영 님을 처음 만났습니다. 어색하게 앉아 있던 저희에게 나영 님은 자신이 돌보고 있는 길고양이의 이야기를 한참 동안 들려주었습니다. 뇌병변 장애로부터 동반한 언어 장애로 인해 모든 말을 정확하게 알아듣기는 어려웠지만, 고양이들의 이름을 하나하나 읊으며 울고 웃는 나영 님에게 자꾸만 마음이 쓰였습니다.

나영 님은 페이스북 그룹 〈길고양이친구들〉에서 누구보다 열심히 활동하는 캣맘입니다. 페이스북 친구만 해도 무려 2,000명이 넘습니다. 저희도 그 친구 중 한 명이었습니다. 페이스북에서 본 나영 님은 매일 전동휠체어를 타고 미아동 구석구석을 누비며 길고양이에게 밥을 주고 있었습니다. 자신이 돌보는 고양이들의 이야기를 쓰고, 사진과 영상을 찍어 게시물을 올렸죠. 일명 "고양이 돌봄일지"입니다. 아픈 고양이가 눈에 띄면 '페친'들의 도움을 받아 고양이를 구조하고, 치료하여 새로운 가족을 찾아주기도 했습니다. 페이스북을 통해 알게 된 개 식용 반대 집회, 동물 보호 집회나 오프라인 모임에도 적극적으로 참석하곤 했죠.

페이스북에서 시작된 나영 님과 저희의 인연이 벌써 두 해를 넘겼습니다. 네 번의 계절을 지나오는 동안 저희는 골목 구석구석을 누비며 나영 님과 길고양이의 모습을 카메라에 담았습니다. 그리고 지난 11월 11일 〈고양이에게 밥을 주지 마세요〉(이하 〈고밥주〉)라는 제목으로, 권나영과 길고양이들의 이야기를 세상에 내놓을 수 있었습니다. 나영 님과 길고양이의 이야기를 더 많은 사람에게 알릴 수 있어 기뻤던 것도 잠시, 저희는 속상한 현실을 마주해야만 했습니다. 영화에 달린 조직적인 별점 테러와 악의적인 댓글 때문이었죠. 평점 창은 곧 길고양이와 캣맘에 대한 날 선 혐오로 가득 찼습니다. 처음에는 분노가 먼저 일었습니다. 인간이 파괴한 생태계로 이미 온전한 삶을 빼앗긴 동물들에게 '인간에게 피해를 주니 사라져야 한다'라고 말하는 것이 얼마나 폭력적이고 이기적인 일인지 그들은 모르는 것 같았습니다. 분노를 조금 가라앉히고 댓글을 찬찬히 살펴보니, 이들이 이야기하는 논리 또한 상식적으로 납득하기 어려웠습니다. 사실을 왜곡하거나 없는 일을 지어내는 말도 수두룩했습니다.

저희는 〈고밥주〉를 찍으면서 캣맘 권나영의 이야기를 담았지만, 나영 님과의 인연으로 많은 캣맘, 캣대디분들을 만날 수 있었고, 여러 활동가분들의 이야기도 들을 수 있었습니다. 저희가 만난 사람들이 전부는 아니기에, 또 개개인의 경험은 다를 수밖에 없기 때문에 이 글은 매우 주관적일 수 있습니다. 그러나 저희는 영화에 대한 맹목적인 혐오와 나아가 캣맘, 캣대디 그리고 길고양이에 대한 혐오에 대한 사실을 바로잡고, 생각을 나누고 싶었습니다. 다음 장 댓글은 〈고양이에게 밥을 주지 마세요〉 네이버 영화 평점에 현재(21.12.05) 실제로 등록되어 있는 한 줄 평입니다. 비슷한 댓글은 한 주제로 묶었습니다. 진심으로 다가간다고 한들, 이미 만들어진 '혐오'를 설득하기엔 어려우리라 생각합니다. 하지만 옳지 않은 정보와 맹목적인 비난에 대해서는 사실과 논리로 설명하고 싶습니다. 혹시 아나요? 저희가 이야기하는 것을 머리로 충분히 납득할 수 있다면 그들의 날 선 마음도 바뀔 수 있을지? 우리는 아주 작은 희망을 걸어 보는 겁니다.

양심이 있으면 데려다 키워야지

wiza**** 양심이 있으면 데려다 키워야지 음식 버리고 동물 꼬이고 주민 피해나 끼치게 만들고, 고양이 혐오나 조장하고, 그렇게 살지 마세요

나영 님의 돌봄은 그저 밥을 주는 것에서 그치지 않습니다. 밥을 주면서 고양이의 건강을 살피고, 아프거나 다친 고양이가 있으면 구조하여 치료합니다. 구조한 고양이에게 지속적인 보호자의 돌봄이 필요하다고 판단되면 직접 입양을 보내기도 합니다. 나영 님을 통해 건강을 되찾고 평생 가족을 만난 고양이는 이미 수십여 마리에 이릅니다.

제작진 역시 촬영을 하는 동안 나영 님과 함께 구조 및 입양 활동을 했습니다. 나영 님을 통해 만난 고양이 '완두'와 '마루'는 현재 주희 감독의 집에서 임시보호 중 입니다. 해당 내용은 영화에서도 확인할 수 있습니다.

양심의 사전적 의미는 '사물의 가치를 변별하고 자기의 행위에 대해 옳고 그름과 선과 악의 판단을 내리는 도덕적 의식'이라고 합니다. 모든 고양이를 품을 수는 없더라도 최선을 다해 그들을 도우려는 사람과 말 몇 마디로 '고양이 혐오를 조장'하는 사람 중, 양심이 없는 사람은 누구일까요?

캣맘 = 자기 위안 + 애정결핍

풍그* 길고양이를 자기 위안 삼을 도구로 쓰는 이기적인 아줌마들의 이야기. 그 어떤 엄마가 찬 바닥에서 싸구려 밥 먹이면서 병원 한번 안 데려가고 키우는지.

Vand**** '인간의 뒤틀린 욕심과 애정결핍을 보여준 영화' 이 영화의 의도는 길고양이를 힘든 상황이라도 돌보는 사람을 보여줌으로써 길고양이에 대한 여론을 환기시키려는 것 같다. 그러나 내가 본 것은 불쌍해서 선의로 시작한 일이 점차 이 길고양이들을 전부 돌볼 수 있다는 욕심으로 변질되어 스스로 감당할 수 없고 주위 사람들의 고통을 외면하는 비극적이고 뒤틀린 인간군상을 보고 말았다. (…) 그들이 먼저 해야 할 것은 길고양이를 돌보는 행동에서 사랑을 갈구하는 것이 아닌 사람과 소통하고 사람 간의 사랑을 되찾아야 한다.

전 고양이를 위한 것이 아닌 그저 자기 도덕적 우월감을 갖기 위한 이기적인 캣맘충들 ㅉㅉ

저희 역시 SNS를 통해 나영 님의 사연을 알게 된 뒤, 힘든 상황에서도 그는 어떻게 길고양이를 돌볼 수 있을까 궁금했습니다. 질문의 답을 찾기 위해 지역 경찰서에 방문해 경찰관을 만나보기도 하고, 수의사와 인터뷰를 하기도 했습니다. 이 과정에서도 역시 저희는 '애정결핍', '측은지심', '자기 위안'과 같은 이야기를 들을 수 있었습니다. 하지만 이는 어디까지나 외부의 시선일 뿐입니다. 설령 그녀의 행동이 '애정결핍', '측은지심', '자기 위안'에서 비롯된 것이라 해도, 고양이에게 밥을 주는 행위가 비난받아야 할 이유는 없습니다. 우리 모두 한 번쯤 혹은 매 순간 애정결핍을 느끼

고, 위로 받고 싶다는 생각을 합니다. 이를 해소하기 위해 누군가는 길고양이에게 밥을 줄 수도 있고, 연인을 만날 수도 있고, 봉사활동을 할 수도 있습니다.

세상에 완전한 인간은 없다고 생각합니다. '자기위안'과 '애정결핍'이라는 말이 언제부터 이렇게 부정적으로 쓰이게 되었는지 모르겠습니다. 모든 번뇌와 고뇌로부터 초연한 사람이 그렇게나 많던 걸까요? 그런 사람이라면 타인의 삶에 대해 함부로 재단하고 평가해도 되는 걸까요?

'왜?'라는 질문에서 벗어나면 더 많은 것을 보고 느낄 수 있습니다. 제작진은 그녀가 고양이에게 밥을 주는 이유를 찾진 못했지만, 그 과정에서 그녀가 타자를 대하는 태도와 세상과 소통하는 방식을 알 수 있었습니다. 그녀의 마음은 고양이뿐만 아니라 세상의 모든 존재에게 향해 있었습니다. 그녀는 함께 투석 받는 환자들과 도시락을 나눠 먹기도 하고, 매일 마주치는 동네 사람들한테 먼저 반갑게 인사를 건넵니다. 댓글 작성자의 우려(?)와는 다르게 그녀를 둘러싼 세상은 이미 사랑으로 넘쳐나고 있습니다. 당신의 말마따나 그의 삶이 도덕적 우월감을 표현하기 위함이라면, 당신은 도덕적 열등감에 빠진 삶을 살고 있는 것은 아닌지 의문스럽습니다.

길고양이가 인간에게 주는 피해

*jjks**** 길고양이 발정기 때 새벽마다 여러 마리가 찢어지게 처우는 소릴 들어봤으면 이딴 감정 못 느끼지 층간소음 같다*

마리 길고양이가 종량제 봉투 다 찢어놓음

언제부터인가 길고양이는 존재만으로 혐오의 대상이 되었습니다. 길고양이를 싫어하는 사람들의 이유는 다양합니다. '시끄럽다', '더럽다', '쓰레기를 뜯어 놓는다' 등등 길고양이를 싫어하는 사람들에게 그 이유는 무엇이든 됩니다. 이는 모두 인간의 입장에서 거론된 '피해'라는 점에서 인간이 얼마나 이기적인 존재인지 다시 한번 생각하게 됩니다. 이 지구라는 하나의 땅에서 우리가 함께 살아가는 존재는 비단 인간뿐만이 아닙니다. 고양이를 비롯해 수많은 생명이 공존해야만 하는 곳입니다. 인간의 피해를 막기 위해 모든 비인간 동물을 제거한다면 이 땅에는 그 누구도 살 수 없을 것입니다.

고양이를 혐오하는 사람들이 말하는 수많은 '피해'는 살아있는 생명이라면 당연히 표출되는 것입니다. 고양이가 우는 것은 자신의 감정을 표현하기 위함이며, 쓰레기봉투를 뜯는 것은 배고픔을 없애기 위함입니다. 인간으로 바꿔서 생각해봅시다. 우리는 종종 길거리에서 고성을 지르며 싸우는 사람들을 보기도 하고, 쓰레기를 아무 데나 버리는 사람들을 목격하곤 합니다. 그 정도가 지나치면 사회적인 관습과 법을 통해 제지됩니다. 하지만 많은 경우, 우리는 그저 외면하거나 스스로 그러한 행동을 했더라도 죄책감을 느끼지 않습니다.

길고양이를 돌보는 수많은 캣맘, 캣대디는 길고양이가 사람과 공존할 수 있도록 돕습니다. 개체 수 조절을 위해 TNR을 하며, 고양이가 배가 고파 쓰레기봉투를 뜯지 않도록 사료와 물을 급여하고 있습니다. 영화 속 주인공인 나영 님 역시 마찬가지입니다. 길고양이에게 밥을 주는 행위가 오히려 사람에게 이로운 일이 되는 것입니다. 이러한 상황을 잘 알지도 못하고 무분별한 비난을 퍼붓는 행위는 적절하지 못하다고 생각합니다.

캣맘이 오히려 고양이 혐오를 조장한다

임시 계정 이 영화 보고 고양이 밥에 쥐약을 살포하기로 했습니다. 슈퍼에서 사고 오는 길입니다. :)

김대* 전에는 길고양이들 보면 아무 생각 없었는데 이거 보니까 편히 보내주고 싶어짐

leej**** 이 영화를 보고 타이레놀을 잔뜩 구입했습니다.

〈고밥주〉의 수많은 악성 댓글 중 절반이 길고양이에 대한 혐오라면 나머지 절반은 캣맘, 캣대디에 대한 혐오였습니다. 길고양이에 대한 혐오는 곧 캣맘, 캣대디를 향한 혐오로 이어집니다. 그들은 말합니다. 고양이에게 밥을 줘서 길고양이가 늘어나고, 밥 자리를 치우지도 않으며, 무책임하게 밥을 주고는 중성화 수술도 안 한다고. 그럴

거면 집에 데려가서 키우라고 합니다.

그들의 말이 전부 틀렸다고는 할 수 없습니다. 왜냐하면 저희가 모든 캣맘, 캣대디분들을 만난 것은 아니니까요. 저희는 촬영을 진행하면서 〈고밥주〉의 주인공인 나영 님뿐만 아니라 여러 캣맘, 캣대디분들과 활동가분들도 만날 수 있었습니다. 저희의 경험이 절대적이라고 할 수는 없지만, 적어도 저희가 만난 분들은 그들이 말하는 행동을 하지 않았습니다.

영화의 주인공, 나영 님은 길고양이에게 밥을 주는 행위에 그치지 않습니다. 아픈 고양이에 대한 구조 및 치료, 입양까지 도우며 한 마리라도 행복한 묘생을 보낼 수 있도록 노력합니다. 밥 자리 역시 마찬가지입니다. 나영 님은 항상 밥 자리를 청결하게 유지하며, 오히려 사람들의 쓰레기로 더럽혀진 공원이나 골목 등을 자발적으로 청소하기도 합니다. 누군가가 고양이에게 밥을 주지 말라고 하면 죄송하다고 사과하며 대화로 풀어내려고 노력합니다. 그래도 밥을 주지 말라고 하면 그 자리에는 더 이상 밥을 주지 않습니다.

나영 님뿐만 아니라 수많은 캣맘, 캣대디가 이웃과의 갈등을 줄이기 위해 노력하고 있습니다. 그들은 캣맘들이 이웃들의 불만에도 맹목적으로 밥을 준다고 말하지만, 위의 댓글처럼 밥을 주는 행위가 결국 고양이에게 위협이 될까 봐 조심스럽다고 말합니다.

그들이 지금처럼 맹목적인 혐오를 멈춘다면, 함께 살아가고자 애쓰는 누군가의 삶이 보일 것입니다. 나영 님은 말합니다.

"바꿔 놓고 생각해봐. 동물도 사람이랑 같은 거야. 걔들도 이 세상 한평생 사는데, 엄마 아빠 밑에서 태어나서 형제도 있는데. 하루라도 살겠다

고 돌아다니는데. 사람이 너무 못되게 학대를 하
잖아. 사람처럼 세 끼는 못 주더라도 한 끼라도
배불리 먹으라고 (밥을) 주는 거지"

우리에겐 아직 희망이 있습니다. 영화 속 주인공
나영 님이 그러했듯이, 우리는 연대와 화합으로
더 나은 세상을 만들 수 있을 거라 믿기 때문입
니다. 조금의 불편함도 견디기 어려워하는 우리
가, 삶의 대부분을 불편과 차별 속에서 살아가야
만 하는 또 다른 존재에 대해 삶의 작은 부분만
이라도 허락할 수 있었으면 좋겠습니다. 그런 세
상을 꿈꿉니다.

김희주
영상을 만들고 글을 씁니다. 좋아
하는 것들 사이에서 힘껏 미끄러
지며 삽니다.
hee_ju@naver.com
instagram @alloverhope

정주희
유기묘였던 이이, 먹이, 완두의 집사이면서
영화감독이자 영상 크리에이터로 활동 중
입니다. 영화를 통해 세상을 바꾸진 못하더
라도 영화를 보는 한 사람의 마음을 두드릴
수 있다고 믿습니다. 그런 마음으로 오늘도
영화를 만듭니다 :)
wjdwngmlv@naver.com
instagram @dewy_cats / @dewy_feelm

대상화, 희화화, 애지중지 그 사이에서

집에 살던 새는 모두 어디로 갔을까

이 글은 미술작가 김화용의 작업 〈집에 살던 새는 모두 어디로 갔을까〉의 일부를 발췌, 재구성하였습니다.

《대상화, 희화화, 애지중지 그 사이에서》은 2020년 작가가 기획한 〈Go-vegan, Un-learning : 비거니즘으로 그리는 문화예술의 새로운 지형도〉의 세가지 섹션 중 첫번째 섹션 제목을 차용했습니다.

아는 존재

가금류(家禽類)라는 말의 한자를 들여다보자면 '집(家)'에서 함께 사는 새(禽)의 부류(類)' 정도로 이야기할 수 있을 것이다. 역사적으로 그 시작이 언제부터인지는 의견이 분분하지만, 어쨌든 '인간'이 야생 속 새를 '인간'을 위하여 유용하게 길들이고 이용하기 시작하면서 하나의 분류로 자리 잡게 되었던 것 같다. 이런 가금류는 가축으로 살게 된 후 인류의 역사와 함께 인간의 삶 속에 점점 깊숙이 들어오기 시작했다. 인간은 닭을 잡아먹고, 닭의 알을 자의적으로 취하기도 했으며, 수탉끼리 만나면 겨루는 습성을 이용해 그 싸움을 구경거리로 만들고 이득을 취하는 놀이를 만들기도 했다. 이렇게 과거에도 닭을 이용해온 역사는 무구히 길지만, 적어도 집에 혹은 마을에 가까이 두고 함께 살면서 그들의 성격과 기질을 이해하며 파악했기에 그 시대의 사람들은 닭에 대해 조금은 '알고 있다'고 말할 수 있었을 것이다. 여기서 '알고 있다'는 것은 그 종(種)에 대해 면밀히 파악하고 있다거나 지식으로서의 '앎'이라기보다는 어떤 감각적인 '앎'이다. 감각적으로 '안다'고 말할 때 우리는 아주 가깝지는 않지만 그래도 멀지 않은 거리감을 느낀다. 아는 사람, 아는 친구, 아는 장소와 같이.

집에 살던 새

18세기 화가 변상벽은 닭과 고양이를 잘 그리기로 유명하여 '변고양이', '변계'라는 별명으로 불렸다고 전해진다. 그의 고양이 그림은 고양이 짤줍[1]을 열심히 하고 있는 오늘날 냥덕[2]에게도 인기를 끌어 국립중앙박물관 등의 아트숍에 달력, 포스터, 엽서, 심지어 폰케이스와 같은 굿즈에까지 등장한다. 고양이의 습성과 행동을 너무 잘 알고 있는 우리에게 변상벽의 꼼꼼한 관찰력과 섬세한 묘사는 시대를 단숨에 뛰어넘어 극도의 현실감을 쓱 들이민다. 고양이를 좋아하는 사람이라면 열광할 수밖에 없는 걸작인 것이다. 그리고 다시 변상벽이 그린 닭의 이미지를 바라본다.[3] 암탉이 병아리를 불러 모아 밥을 먹이고 어떤 병아리는 밥 먹으러 가다 말고 수탉과 교감하기도 하면서 가족 단위로 집단생활을 하는 모습을 그린 생동감 있는 필력에 감탄하다가 문득 이런 장면을

1. 인터넷 신조어, 좋아하는 캐릭터 사진, 웃긴 사진, 방송 사진 등을 '짤'이라고 하며, '짤줍'은 '그 사진들을 주워간다'라는 뜻으로 사용된다.

2. 인터넷 신조어로, 고양이 덕후, 고양이를 열광적으로 좋아하는 사람을 말한다.

3. 변상벽 〈자웅장추(雌雄將雛, 암수탉이 병아리를 거느리다)〉, 지본채색화, 18세기 무렵, 간송미술관 소장

현실에서 직접 본 적이 있는지 생각하니 너무 생경하고 낯설다. 그 많던 닭은 모두 어디로 갔을까. 아니 지금 어디에 있을까.

변상벽의 닭 그림을 통해 닭의 활동 방식이나 기질을 관찰할 수 있는 것도 흥미롭지만, 무엇보다 병아리도 닭도, 하나하나가 모두 개별화된 존재로 포착되는 점이 놀랍다. 귀밑의 흰 벼슬, 수탉의 붉은 벼슬, 길게 뻗은 꼬리 깃털, 풍성하고 윤기가 느껴지는 모질, 건강하고 또렷한 시선 등 미모를 뽐내고 있는 그림 속 세 마리의 닭은 각각의 색도, 몸집의 크기도, 추측되는 연령도 모두 다른 개별 존재로 그림 속에 살아있다. 그리고 어미가 준비한 먹이 주변으로 모이고 있는 병아리들 또한 그림 속에서 다양한 표정, 다른 몸짓, 저마다의 속도로 옹기종기 움직이고 있다. 이렇게 닭들이 노니는 장면은 변상벽이 일상적인 풍경으로 화폭에 담았던 것일 텐데 오늘의 우리에겐 이질적인 장면이 되었다. '치킨은 옳다'고 말하며 식재료로서의 닭(의 사체)과 가까워졌으나 살아있는 생명으로서 닭에 대한 이해는 반비례해온 것 같다. 농경사회에서 도시의 삶으로, 그리고 아파트라는 땅을 딛고 있지 않는 형태로 인간의 삶이 규격화되고 있는 사이, 마당을 거닐고 병아리에게 벌레를 잡아주던 닭의 일상 또한 케이지(cage)안에 갇힌 생(生)으로 바뀌어 버렸다.

삶이 아니라 살

4.   Martin J. Zuidhog et al., "Growth, efficacy, and yield of commercial broilers from 1957, 1978, and 2005," Poultry Science 93, no. 1 (December 2014): 2970-2982

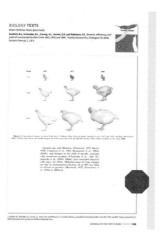

1921년에 창간하여 가금류의 정보 및 새로운 연구에 대해서 소개하는 학술지인 《가금과학(Poultry Science)》에 2014년 충격적인 연구 하나가 발표되었다.[4] 연구진은 닭의 몸집이 과거에 비해 얼마나 달라졌는지 비교 연구하기 위해 세 가지 다른 품종의 닭을 직접 키웠다. 1957년, 1978년, 그리고 2005년에 주로 키우던 품종의 닭이다. 관련 사진을 보고 쉽게 알 수 있듯, 현재 가장 많이 소비되고 있는 닭의 생후 56일 된 무게가 1978년 품종보다 2배 이상 무겁고 1957년의 품종에 비해서는 4배가 넘게 무겁다. 짧은 시간에 금세 살이 찌는 축산 육류에 대하여 항생제 투여 등의 문제가 계속 제기되고 있었던 만큼, 연구진은 "세 마리 닭에게 정확하게 같은 양의 사료를 먹였고, 어떠한 호르몬제도 공급하지 않았다."라는 점을 강조했다. 하지만 항생제 없이도 고작 두 달 만에 이렇게 비대해질 수 있다는 것이 어쩌면 더 기괴하게 느껴진다. 생(生)이 줄고도 살은 느는 존재. 자본주의 사회에서 가금류의 '살'은 곧 돈이다. 그 때문에 인간의 눈부신 과학발전은 가금류가 유전적으로 빨리 크고 살찌도록 끊임없이 품종을 개량했다. 어떻게든 싼값에 다른 생명의 '살'을 먹기 위해 현대과학을 동원하고, 과잉 육류 섭취로 높아진 비만율에 현대의학을 동원해서 '살'을 빼는

《간척지, 뉴락, 들개와 새, 정원의 소리로부터》
설치 장면
인천아트플랫폼 제공
(촬영 : 홍철기)

5.	노정연, 〈'닭고기 사랑' 한국인 , 1년에 몇 마리 먹을까〉, 《경향신문》, 2018년 7월 17일 자, http://news.khan.co.kr/kh_news/khan_art_view.html?art.id=201807171429001.

6.	2013년 5월 30일 녹색당, 동물보호시민단체 카라 그리고 동물의 권리를 옹호하는 변호사들은 '생명과 지구를 살리는 시민소송'이라는 이름으로 1천1백29명의 시민청구인이 참여한 가운데 헌법재판소에 '공장식 축산'에 반대하는 헌법소원심판을 청구하였다. 당시 기자회견('생명과 지구를 살리는 시민소송' 후속 기자회견, 〈파탄에 이른 공장식 축산, 정부정책이 조장하는 동물학대의 실태 공개〉)에서 정부 정책이 조장하는 동물학대의 실태를 공개하였는데, 사육 규모를 기준삼아 농가에 자동화 설비를 위한 예산을 지원하고, 축사시설 현대화 사업 또한 사육 두수를 바탕으로 환산한 사육 면적을 기준으로 지원하는 등 국가의 정책은 철저히 대량생산 및 전업농 중심이었다.

7.	농림축산부는 축산계열화사업 지원금을 대형 회사에 집중 지원해 왔고 최근에는 사료산업종합지원금의 75%를 하림과 하림 계열사에 지원했다. (국회의원 김현권 보도자료 〈하림 편애한 정부, 정책자금 40% 퍼 줬다〉, 2017년 10월 13일)

요지경의 풍경을 만드는 것이 바로 인간이라는 존재.

너무 멀리까지 가지 않더라도 최근 20년간 닭의 도축량을 살펴보면 1998년 3억 1,000만여 마리에서 2007년 6억 4,000만으로 2배가 됐고, 다시 10년 후 10억 마리까지 늘었다고 한다. 그 결과 닭고기 소비량은 1970년 1인당 1년에 1.4kg 정도에서 최근엔 13.8kg을 넘어섰다는 것이다.[5] 비약적으로 육류 소비량이 늘어난 최근 20년과 정부의 대규모 축산 지원 정책이 활발해진 시기는 완벽히 일치하는데, 생명에 대해 대량생산을 독려하며 산업화하는 분위기 안에서 작은 농장들은 과거의 운영방식으로 살아남기 힘들었을 것이다.[6] 그렇게 국가가 정책적으로 닭고기를 전문적으로 생산하는 거대 기업을 만들어 냈고,[7] 우리는 '치맥'의 사회를 살게 되었다. 역사와 전통도 꼭 고정된 것은 아니라지만 한국인의 상징 음식으로 공식화되어버린 '치맥' 문화를 만드는 데 대량화된 공장식 축산은 큰 기여를 했을 것이다.

마당에서 농장으로, 다시 농장도 아닌 공장이 닭의 일상 공간이 되었다. 이곳에서는 '생산성'이 중요하니 작은 케이지를 층층이 쌓아 닭을 찍어내듯 사육하기 시작했고, 닭 한 마리에게 허락된 공간은 인간의 손바닥 정도의 크기였다. 변상벽의 그림에서 쉽게 볼 수 있던 먹이를 탐색하는 닭의 대표적인 습성은 비좁은 공간에서 허락되지 않았고, 태어나자마자 부리는 강제로 잘린다. 그리고 닭의 삶이 송두리째 바뀐 20년의 시간 동안, 과거 한국에서는 나타나지 않았던 고병원성 조류인플루엔자 집단 감염이 2003년부터 매해 발생했으며, 닭과 오리 등을 포함한 가금류는 매해 수백만 마리에서 천만 마리 이상 살처분된다. 이것이 우리가 열광하는 '치맥' 뒤에 숨겨진 현실이다.

우리는 존재를 통제할 자격이 있는가

변상벽의 〈자웅장추(雌雄將雛)〉가 암탉, 수탉, 어린 닭, 그리고 여러 마리의 병아리까지 하나하나 강력한 생명으로 가득 찬 그림이라면, 수나우라 테일러(Sunaura Taylor)의 그림은 태어나자마자 바로 분쇄기에 갈려 죽는 운명의 수평아리, 누가 누군지 구별도 되지 않게 쓰레기통 안으로 내동댕이쳐진 죽음으로 가득 채워져 있다.[8] 장애를 가진 예술가이자 장애 해방과 동물 해방 활동가이기도 한 수나우라 테일러는 수평아리 그림과 짝으로 보이는, 고기가 되기 위해 도축장으로 향하는 트럭에 실린 철창 안의 닭들도 그렸다.[9] 두 그림 모두 어떤 생(生)이 죽음을 앞둔 마지막 순간의 모습이다. 수나우라 테일러의 병아리와 닭들은 아직 숨이 붙어있지만, 사실 본래부터 숨이 없는 존재들이

8.	수나우라 테일러 (Sunaura Taylor), 〈갈려 죽는 수평아리 (Culled Male Chicks in a Dumpster)〉, oil painting, 2008

9.	수나우라 테일러 (Sunaura Taylor), 〈치킨 트럭 (Chicken Truck)〉, oil painting, 2008

었다. 그들은 태어나는 순간부터 컨베이어 벨트 위에서 감별의 대상으로 생을 시작한다. 육계로 길러질 병아리 중에서 고기답지 않은 '약하고 추한 것'[10]은 버려지고, 산란계에서는 재생산 도구가 되지 못하는 수평아리까지 버려지기 위해 분류된다.

테일러는 자신과 같이 장애를 가진 이들을 장애 정도에 따라 분류하고 효율적으로 관리하기 위해 시설 안에서만 살게 하는 구조에 대해 질문한다.[11][12] 정상성을 기준으로 장애를 대하는 사회 시스템과 인간이 대형화된 공장 시스템 안으로 넣어버린 축산동물의 현실을 교차하는 것이다. 한국 사회에서도 정상성 범주에 있는 사람들이 복지와 보호라고 착각하며 만든 제도와 법이 소수자에게 얼마나 차별적으로 작동하고 심지어 억압하는지 우리는 알고 있다. 당사자에게 정말 필요한 복지나 돌봄이 무엇인지 목소리를 듣지 않은 채 공급자 중심으로 장애의 정도를 등급화했던 장애등급제,[13] 장애인이 생활할 일상공간을 수용시설 중심으로 상상하는 것, 그리고 사회가 해야 할 일을 혈연가족에게 떠넘기면서 동시에 자립이 가능한 존재로서의 주체성을 지워버리는 부양의무제[14] 같은 것들 말이다. '정상성 중심'의 사고가 만든 제도의 한계와 오류를 인식한 후 동물권 문제를 다시 환기하면 '인도적 도축', '동물 복지'라는 말이 얼마나 인간 중심적인지 아찔해진다.

'버스를 타자'는 2001년 2월 오이도역에서 발생한 장애인용 수직형 리프트 추락 참사를 기점으로 시작된 장애인 이동권 투쟁이다. 많은 장애인 당사자와 활동가가 버스를 타기 위해, 지하철을 타기 위해 거리로 나왔다. 비장애인에게 '원하는 곳에 버스를 타고 간다'는 평범한 행위가 누군가를 배제한 채 누려왔던 특권이라는 것을 인식할 수 있는 사건이었다. 하지만 무엇보다 인상적인 장면으로 기억되는 이유는 '우리가 이렇게 많은 장애인을 공적 영역 그리고 일상에서 만나본 적이 있는가' 생각했던 점이었다. 사회는 장애를 가진 이들을 특수학교로 보내고 시설에서 생활하게 하면서 끊임없이 '정상 사회'에서 그들을 분리해냈고, 우리는 서로를 잘 알지 못하는 사이가 되었다. 이 사회가 반복해서 소수자와 약자를 구분하고 분리하고 있어서 우리가 배제하고 혐오하는 것을 자연스럽게 배웠는지도 모르겠다. 대상에 대해 잘 알지 못할 때 더 손쉽게 폭력의 대상으로 삼는 것을 많은 혐오의 문제에서 경험한다. 가금류가 집과 마을을 떠나 우리 눈에 보이지 않는 대형 공장으로 들어가게 된 것은 생명을 극단적 '살덩어리'로만 다루는 자본주의 시스템의 비극만 만든 것이 아니라, 우리의 삶 안에서 그들의 생을 미약하게나마 인지할 수 있는 관계망을 끊어 놓음으로써 더 손쉬운 학대의 대상으로 삼을 수 있게 한 것은 아닐까.

10.   실재 부화장에서 일했던 한 승태는 그곳 노동자들이 '약추'를 골라낸다는 표현을 쓴다고 말했다. '약추'의 정확한 뜻을 알고 있는 사람은 그곳에 아무도 없었지만 누군가 장난처럼 약하고 추하다는 의미가 아닐까 했다고 썼다. 한승태 《고기로 태어나서》, (서울:시대의 창, 2018), 25.

11.   수나우라 테일러 (Sunaura Taylor), 〈관절염 을 가진 동물들 (Anthrogryposis Animals)〉, oil painting, 2009

12.   수나우라 테일러 (Sunaura Taylor), 〈닭과 함께 행진하는 자화상 (Self-Portrait Marching with Chickens)〉, oil painting, 2008

13.   장애등급제란 장애인을 대상으로 개별적 장애의 정도에 따라 등급을 매기고, 차등적으로 복지 혜택을 제공하는 제도를 말한다. 한 번 등급이 정해지면 현실적으로 등급 재조정이 어려우며 의료적 근거에만 입각하여 개인의 불편을 수치화하는 것이 불합리하다는 지적이 많았고, 2019년 7월 1일부터 단계적 폐지가 시행되어 '중증', '경증'으로만 분류한다.

14.   일정 수준 이상의 재산·소득을 가진 부양가족이 있으면 본인이 빈곤하더라도 기초생활 급여 지급대상에서 제외된다.

역병엔 고양이

수나우라 테일러의 작품을 언급하며 장애인의 효율적 관리를 위한 정책을 축산동물의 분류 관리체계에 빗댄 것이 혹자에게는 과장처럼 느껴졌을지도 모르지만, 장애인이나 소수자에 대한 근본적인 차별정책이 없어지지 않으면 재난 앞에서 걷잡을 수 없는 더 큰 재난이 발생한다는 것을 우리는 여러 사례로 목격 중이다. 축산동물에게 발생하는 몇 가지 대표적 바이러스성 질병은 공장식 축산 시스템에서 시작된 것이고, 밀집 사육을 하는 곳일수록 병에 취약하다는 것 또한 매해 확인하면서도 학살 수준의 살처분만 반복할 뿐 인간은 축산 동물들에게 '집합 금지'를 내리지 않았다. 사실 인수공통감염병이 야생동물 학대에서 기인했다는 것은 코로나 이전부터 알려졌다. 이 모든 징후가 말해주는 것을 우리는 제대로 듣지 못하여 이 지경에 이르렀다.

코로나의 시간을 경험하며 대규모로 모여있는 것이 집단감염에 얼마나 취약한 조건인지 감각하게 되었다. 이렇게 장기화될지 누구도 예상하지 못했고, 백신의 등장으로 긴장을 풀려던 찰나 다양한 변이가 전 세계에 확산되고 있다. 이제 인간은 무언가를 예측할 수 있다는 오만함을 내려놔야 할 시간에 도달한 것 같다. 야생동물을 싣고 다니는 이동식 동물원, 체험이라는 이름으로 우후죽순 생겨난 야생동물 카페 등 우리 사회에도 '우한시장'[15]은 도처에 널려 있다. 메르스 바이러스의 시작이 되었던 사향고양이는 체험 카페에서 쉽게 볼 수 있고 루왁커피는 여전히 비싸게 팔린다. 인간은 야생에 살던 라쿤을 반려동물로 길들이기도 하고 롱패딩 후드 모자에 두르는 털로도 소비한다. 한 연구에 따르면 지구상의 포유류 중 야생동물이 차지하는 비율은 고작 4%이며, 36%가 인간, 그리고 60%는 인간이 먹기 위해 기르는 축산동물이라고 한다.[16] 이 축산동물은 대부분 공장에 살며 인간에게 학대되고 있는 존재들이다. 지구는 이렇게 인간과 인간이 먹기 위해 기르는 동물로만 가득 차 있다. 이런 상황에서 한 줌 남은 야생동물마저 괴롭히고 이용하고 심지어 먹기까지 하는데, 야생동물에서 시작된 바이러스가 인간에게 또 축산동물에게 옮겨가는 건 너무나 당연한 수순으로 보인다. 이번 사태가 지나가고 방역과 백신 및 치료제 그리고 문제가 된 종교에 관한 이야기만 남지 않았으면 좋겠다. 그보다 더 근본적인 이유, 이 역병이 무엇 때문에 시작되었는지부터 돌아보는 기회이길 바란다. 일시적 멈춤의 시간이 아니라 세상을 인식하는 관점과 삶의 방식의 대전환이 불가피한 순간이다.

조선 시대 그림으로 시작했으니 조선의 그림으로 마무리해 볼까. 조선 후기 전 세계에 콜레라가 유행했을 때, 조선인들은 콜레라의 고통이 마치 쥐가 몸속 구

15.　　코로나19 바이러스는 중국 우한의 시장에서 팔던 야생동물 특히 박쥐에서 비롯됐을 것이라고 추정된다. 최근 감염병의 주요 경향은 인수공통감염병이고 대부분 야생동물에서 기인하는 것으로 파악된다. 감염병 재난은 인류가 초래한 생태계 위기의 역습일지도 모른다.

16.　　Bar-On M. Yinon et al., "The biomass distribution on Earth," PNAS, vol.115, no. 25(June 2018): 6508.

석구석을 갉고 다니는 것 같다고 '쥐통' 또는 '쥐병'이라 부르며 이를 퇴치하기 위해 천적인 고양이 그림을 부적으로 사용했다고 한다.[17] 동물을 학대하다 생긴 위기 앞에서 동물을 모에[18]하는 이미지를 부적 삼아 꺼내 보는 이 상황이 너무 '인간'적이고 분열적이긴 하지만…

17. 샤를 바라, 《조선기행 — 백여 년 전에 조선을 다녀간 두 외국인의 여행기》, 성귀수 역(서울: 눈빛, 2001), 146.

18. '모에(萌え)'란 어떤 인물이나 사물에 대하여 깊이 마음에 품는 모양을 일컬을 때 사용하는 은어이다. '싹이 튼다'는 뜻의 일본어 '모에루(萌える)'에서 비롯된 표현이며, 특히 '모에화(萌え化)'는 애니메이션 및 만화에서 보통의 의인화와는 다르게 특정 대상을 소년, 소녀의 모습으로 귀엽게 묘사하는 것을 말한다.

19. 조선시대 고양이 부적, Gravure de Krakow, Chat fétiche, in M. Charles Varat, "Voyage en Corée," Le Tour de Monde 1 (1892): 349.

〈집에 살던 새는 모두 어디로 갔을까〉
2020-21
책자

김화용

가는 곳마다 고양이가 자꾸 도움을 요청해 '고양이 자석'이라는 별명을 스스로 붙였다. 아티스트 레지던시 참여를 위해 방문했던 바르셀로나에서 도움을 요청한 샴고양이 찡찡에게 가족을 만들어 준 일을 인상적으로 기억하고 있다. 이렇게 고양이가 세상과 나를 연결해 준다고 믿고 동물해방을 바라는 미술 작가이자 기획자이다. 고양이를 통해 사회와 세상을 바라보는 새로운 관점을 배우고 있는 동료 미술가 8인과 함께 쓴 《나는 있어 고양이》(돛과닻, 2020)의 공저자다. 작가로서 《어스바운드》(2020), 《올해의 작가상 2018》(2018) 등의 전시에 참여했고, 기획자로서 《Go-vegan, Un-learning : 비거니즘으로 그리는 문화 예술의 새로운 지형도》(2020), 《제로의 예술》(2020-21), 《몸이 선언이 될 때》(2021) 등을 기획했다.

circuswoman@gmail.com / instagram @circuswoman

SNS와 고양이

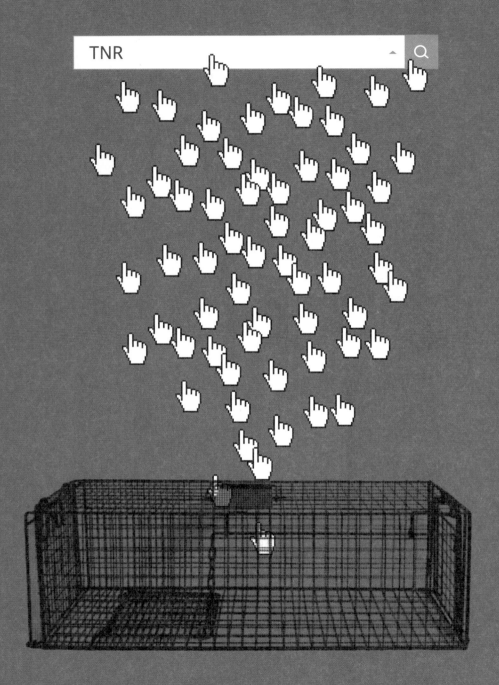

#TNR
검색창에 'TNR'을 입력하세요

기획 · 편집 **mattew**
Twitter@Boniee0514

TNR이란? trap-neuter-return
동네고양이의 개체 수를 적절하게
유지하기 위해서 고양이를 인도적인 방법으로
포획하여 중성화수술 후 원래 포획한 장소에
풀어주는 활동이다.

동네고양이와 함께 공존하기 위해서는 TNR 사업을 지속적으로 실시하여 개체 수를 조절해야 한다. 고양이 돌봄 활동가라면 누구든지 알고 있는 사실이다. 이제는 이 TNR 사업이 '잘' 진행되고 있나는 새로운 질문을 던져야 할 시기이다. 올해 상반기에는 경기도 한 도시에서 TNR 수술을 한 동네고양이 '토리'가 사망하는 사건이 발생했다. 수술 후 관리부실로 인해 사망한 것으로 추정되어 해당 시 고양이 활동가들은 '비상대책위원회'를 만들었고 이 사건을 공론화하기도 했다. 하반기에는 농림축산식품부 동물복지정책과에서 〈고양이 중성화사업 실시 요령 고시 계정 추진 계획〉을 발표했다. 그러나 세부적인 사항에는 고양이의 안전이 고려되지 않는 등 여러 문제점이 드러났다. 과연 무엇을 위한 TNR인지 문제를 여실히 보여줬다.

동네고양이를 둘러싸고 발생하는 모든 민원과 문제의 해결사인 'TNR 사업'. 매거진 탁에서는 검색창에 단어 'TNR'을 입력하여 2006년도 '한강맨션' 사건을 기점으로 2021년까지의 동네고양이에 대한 뉴스를 검색해 봤다. 동네고양이를 중심으로 어떤 정책이 수립되었고 사업이 실시되었는지를 확인해보았다.

#TNR_정책

2020년
서울시, 카라와 재개발·재건축 지역 길고양이 생존 대책 찾는다

서울시와 카라가 진행하는 이번 사업은 도시정비구역에 서식하는 길고양이의 선제적인 TNR 이행으로 문제의 규모를 축소하

고, 환경에 따른 이주 방법을 모색해 도 사례를 구축하여 매뉴얼을 작성하는 것 목표로 한다.

2021년
"길고양이 중성화 지침 지켜주세요" 경기도, 사업기관 교육 영상 배포

경기도, 길고양이 현황 조사해 관리기준 수립 추진

2021년
인천시, 길고양이 보호와 공존 해법찾기 나서

길고양이와 공존 택한 인천시, 내년부터 '보호 시민 참여단' 운영

2007년
서울시 TNR 사업 시작

용산구와 강남구에서 시범 실시하고 있는 고양이 '중성화 수술 후 방사 사업(TNR. Trap-Neuter-Return)'을 내년부터 시내 25개 전 자치구로 확대 시행하기로 했다.

2009년
부산시 TNR 사업 시작

경기침체로 길고양이(일명 도둑고양이)가 늘자 지자체들이 불임수술을 한 뒤 풀어주는 중성화사업 시작

2012년
인천시, 동물 보호·관리 조례 개정 공포

인천시, 길고양이 중성화(TNR) 사업

2014년
서울동물복지계획 2020 발표

길고양이 개체 수를 줄이기 위한 중성화 사업의 효과를 높이기 위해 시민이 함께 만드는 '길고양이 지도'도 구축하기로 결정

2014년
서울시 길고양이 중성화 사업 전 과정 공개

서울시가 9월부터 길고양이 중성화(TNR) 사업의 전 과정을 동물보호관리시스템 (www.animal.go.kr)에서 공개

업의 전 과정을 동물보호관리시스템(www.animal.go.kr)에서 공개

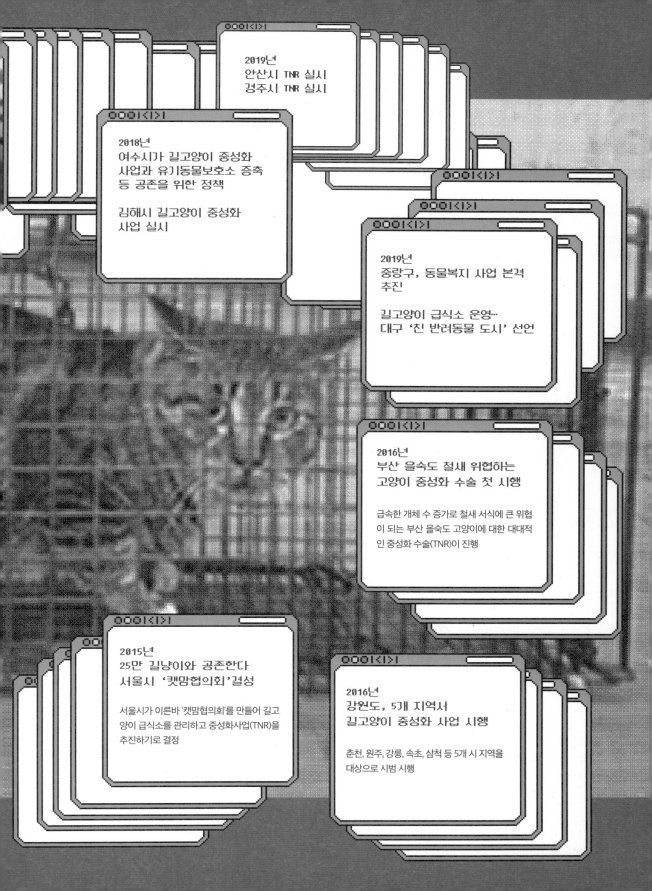

2019년
안산시 TNR 실시
경주시 TNR 실시

2018년
여수시가 길고양이 중성화
사업과 유기동물보호소 증축
등 공존을 위한 정책

김해시 길고양이 중성화
사업 실시

2019년
중랑구, 동물복지 사업 본격
추진

길고양이 급식소 운영…
대구 '친 반려동물 도시' 선언

2016년
부산 을숙도 철새 위협하는
고양이 중성화 수술 첫 시행

급속한 개체 수 증가로 철새 서식에 큰 위협
이 되는 부산 을숙도 고양이에 대한 대대적
인 중성화 수술(TNR)이 진행

2015년
25만 길냥이와 공존한다
서울시 '캣맘협의회'결성

서울시가 이른바 '캣맘협의회'를 만들어 길고
양이 급식소를 관리하고 중성화사업(TNR)을
추진하기로 결정

2016년
강원도, 5개 지역서
길고양이 중성화 사업 시행

춘천, 원주, 강릉, 속초, 삼척 등 5개 시 지역을
대상으로 시범 시행

#사건_사고

**2006년
한강맨션사건**
아파트 지하실 철문을 용접해, 고양이가
밖으로 나오지 못하도록 '감금'

**2008년
전남 여수 거문도
들고양이사건**

**2011년
TNR 사업이 일부 지방자치단체에서
제대로 시행되지 않아, 되레 고양이들
이 희생되는 부작용**
포획업자들, 거리고양이 불임수술 사업 돈벌이 악용
임신중·새끼까지 '마구잡이'…살던곳 방사도 안지켜

**2012년
인천 캣맘폭행사건**
인천의 한 아파트에서 길고양이에게 먹이를 주던 한
여성이 50대 남성에게 일방적으로 폭행을 당한 일명
'인천캣맘폭행사건'…

**2012년
생후 2개월의 죽음**
지난 7월21일 서울 종로구 삼청동에서 850g의 새끼 고양
죽은 채 길에서 발견되었다. 배에는 개복 수술의 흔적이, 귀
일부 잘린 중성화 표지가 남아있었다.

**2013년
압구정 A 아파트 길고양이 학대**
서울 강남구 압구정에 있는 모 아파트 74동 주민 일부가 아파트
지하실을 봉쇄해 서식하던 길고양이들이 굶어 죽었다.

**2014년
전주시 길고양이 TNR
VS TNR 반대 캣맘**

**2015년
길고양이 600마리 도살**

**2014년
서울시 '길고양이 지도' 자칫 살생부**
'길고양이 지도' 사업이 동물 학대에 악용될 수 있다는
우려가 나오고 있다.

**2015년
용인 캣맘 사건**
길고양이 집을 만들던 50대 여성이 벽돌에 맞아 사망

**2015년
마포 주택가 '길고양이 학살사건' 누가?**
서울 마포구 망원동·서교동·연남동 주택가 일대에 길고양이와
개가 호흡곤란 증세로 잇따라 죽는 사건이 발생했다. 쥐약 등을
이용한 고의적인 독살 가능성이 제기돼 구청 및 동물보호단체가
범인을 찾고 있다.

**2015년
'고양이 집사' 늘었다… 길고양이
화 찬성도 증가**
TNR 정책과 관련, 응답자의 86%가 찬성했다. 갈등이 커지는
상황에서 응답자의 대다수가 중성화에 찬성하고 있다는 것은
TNR이 길고양이와 인간과의 공존을 위한 현실적 대안으로 긍
정적으로 평가되고 있다는 게 농림부 측의 설명

**2015년
"수원시 TNR 총체적 부실
… 길고양이 집단폐사 불렀다"**
최근 길고양이들이 집단폐사해 동물보호단체들이 강력반발.
일부 잘린 중성화 표지가 남아있었다.

**2018년
길고양이 중성화에 싼
돼지항생제 사용한
동물병원**

**2017년
대학교 길고양이 급식소 생긴다**
성남시 공원 9곳 '길고양이 급식소' 20개 설치
안양시 5곳에 급식소 시범 설치
종로구, 길고양이 급식소 설치 운영

2018년
서울시 '중성화' 10년… '길냥이' 4년간 44% 감소
공원 급식소 설치해 85% 중성화…시내 길고양이 25만 → 13만

2018년
용인 아파트 길고양이 급식소에 무차별 쥐약 살포

2019년
"중성화 수술 뒤 죽어가요" … 약값 없다는 지자체

2018년
길고양이 중성화 사업, 수의사 '돈벌이 전락'…'기준' 어기고 마구잡이 수술

2019년
동래구, 동물보호단체와 함께 재개발 지역 길고양이 구조
매년 진행되는 길고양이 중성화 사업(TNR) 예산을 활용해 재개발 지역 내 길고양이를 중성화한 뒤 다른 지역에 이주시킨다는 계획

2019년
"동물학대" vs "주민불편" 6년 만에 되풀이 된 압구정 아파트 길고양이 갈등

2019년
(부산시) 길고양이 중성화 지침 어긴 동물병원 처벌, 구 마다 '제각각'

2019년
"들고양이 목도리가 웬말?" 길고양이와 차이 놓고 반발

2020년
서울 길고양이 6년간 54% 감소…"중성화 사업 효과"
10일 서울시에 따르면 서울 지역 길고양이는 2013년 25만마리에서 지난해 11만6천마리로 53.6% 줄어든 것으로 추정됐다.

2019년
철거 앞둔 노량진 옛 수산시장에 "고양이 갇혀 있어요"

2020년
김경영 서울시의원 "포획업자와 일부 동물병원만 배불려준 서울시 길고양이 중성화 사업"

2020년
"새끼 밴 고양이, 강제 중성화 하다니"…캣맘 카페 시끌

2020년
길고양이 뱃속에 플라스틱 끈? 수상한 동물병원

2021년
(경기도_화성) 묘하게 닮은 걸까, 교묘히 꾸민 걸까 경기도 일부 지역에서 벌어진 '길고양이 중성화 사업'이 이 일고 있다

2021년
'길고양이 중성화 사업' 보조금 부정 사례에도 눈 감은 부산시

2021년
안산 길고양이 중성화 귀 절단 또다른 동물학대 지적

2021년
"동네고양이 잘못된 방사도 동물학대에 포함시켜야"

2021년
"임신묘·수유묘 낙태수술은 엄연히 지침 위반"

2021년
'구청 공식 길고양이 급식소인데…' 급식소 부수고 관리자 얼굴에 물건 던지고

2021년
타병원과 수술·회복 분담… 수원 길고양이 중성화 병원 '계약 해지'

2021년
"길고양이 중성화사업 개정은 졸속 탁상행정" 길고양이단체들 전면 철회 요구

2021년
수태·포유 중인 길고양이 TNR 원칙적 금지된다
수태 혹은 포유 중인 개체는 수술하지 않고 즉각 방사하도록 원칙을 세우는 대신…

수백 개의 기사들은 '동네고양이'가 모든 사건의 원인이라고 같은 목소리를 내고 있다. 사건의 원인이 정말 '동네고양이'일까. 고양이는 인간사회에서 목소리를 낼 수 없다. 목소리를 낼 수 없는 존재가 모든 문제의 원인이라고 지목하는 것이 갈등을 마무리하는 가장 편리한 방법이라고 생각하는 건 아닌가. 모든 문제가 동네고양이로부터 시작된다는 관점 때문에 개체 수를 조절하는 TNR 사업은 언제나 모든 사건의 해결책으로 제시되었다. 하지만 TNR 사업을 하면 끝날 줄 알았던 갈등은 TNR 사업으로 인해 다시 시작된다. TNR 사업을 효과적으로 진행하기 위해서 각 지자체는 고양이활동가들과 협업을 해야하며 동네고양이 급식소를 설치해야 한다. 고양이 개체 수 파악, 포획, 수술, 제자리 방사라는 일련의 과정을 거쳐야 하기 때문이다. 하지만 이 과정에서 또 동네고양이 급식소가 테러당하는 사건이 발생하고 위치가 노출된 동네고양이들은 학대당한다. 그리고 활동가들을 향한 폭행 사건은 지속해서 재발한다. 동네고양이 학대사건의 범인은 학대한 '사람'이고 캣맘 폭행사건의 범인은 폭행한 '사람'이다. 지원 사업에 할당된 예산을 둘러싸고 갈등은 심화된다. 규정을 지키지 않는 무분별한 포획, 그리고 수술 후 살아 돌아오지 못하는 고양이들, 일부 시청 공무원과 포획업자, 수의사들의 비리는 TNR 사업의 시작과 동시에 발생하고 있다. TNR 사업을 둘러싼 모든 사건들이 정말 '동네고양이'들의 문제인가? '동네고양이 문제' 라는 이 말 자체가 애초에 잘못 쓰이고 있는 건 아닐까. *tac!*

잔디

반려인에게 버림받아 형제 고
양이 '그림이'와 함께 따고맘
센터에 입소.
무척 해맑은 에너지가 넘치는
수다쟁이 고양이.

2세 추정 수컷
중성화 완료
사람과 사회화 정도 높음
건강함

저희는 생명존중을 기반으로 구조와 치료 및 입양센터를 운영하고 있는 '사단법인 따뜻한
엄마 고양이' 협회입니다. 저희 협회는 백 이십여 마리의 대가족입니다. 건강한 아이들뿐만
아니라 치료를 요하는 노령묘와 장애묘들이 함께 어우러져 지내고 있습니다. 한쪽 눈이 없
는 아이, 뒷다리를 움직이지 못하는 아이, 두 눈이 뿌옇게 바란 아이…
평소 우리가 보던 고양이들과 조금은 다른 사진의 고양이들은 모두 길에서 태어나고 자랐
거나 누군가에 의해 버려진 아이들입니다. 누군가는 쉽게 도둑고양이라고 말하며 눈총을
주고, 때로는 위협을 가하기도 하지만 조금만 관심을 기울이고 애정 어린 시선을 건넸을
때 발견할 수 있는 반짝임은 세상의 그 어떤 존재보다도 아름답고 귀하게 빛이 납니다.
저희 협회는 이런 아이들에게 따뜻한 엄마가 되어주려고 합니다.
당신의 따뜻한 시선이 누군가에게는 내일이 되고, 행복한 삶의 시작이 될 수 있습니다.

입양문의
instagram @ddagomom

탁! 테스트
워크숍

SNS 속
동물 대상화
워크숍

일시   2021년 12월 2일
장소   카라 킁킁도서관

issue 4

탁! 테스트 워크숍에 흔쾌히 참여를 해주셔서 감사드립니다.
먼저 돌아가면서 소개를 해볼까요.

나미   저는 권나미라고 합니다. 동물권행동 카라 교육아카이브팀에서 킁킁도서관과
         카라동물영화제, 미디어 가이드라인을 담당하고 있습니다.

평화   저도 교육아카이브팀에서 활동하고 있는 평화라고 하고요. 교육파트를 담당하고
         있어요. 교육 자료 만들고 실제로 초, 중, 고등학생 대상으로 현장에 가서 교육하거나
         온라인으로 교육하는 일을 하고 있습니다.

무무   저는 매거진 탁! 에서 교정 교열을 담당하고 글을 쓰고 있는 무무입니다.

포도   저는 포도입니다. 그리고 매거진 탁!의 발행인이자 그 외 이것저것 잡무를 보고
         있습니다.

다니   저는 다니라고 하고요. 매거진 탁! 에서 글도 쓰고 편집도 하고 있습니다.

다니
@danslefilm
매거진 탁! 에디터

나미
@pado.kwon
동물권행동 카라
교육아카이브팀
활동가

알식
킁킁도서관 사서 고양이
+자고있는 무쇠

대상화 정의하기

이번 워크숍의 목표를 간단하게 이야기하겠습니다. 'SNS와 고양이'라는 이야기를 하면서 대상화에 대해서 얘기를 안 할 수 없었어요. 대상화에 대해 고민을 하게 되면서 우리가 무엇을 하든 결국 대상화를 완전히 피할 수 없지만, 모두가 동의할 수 있고 자신을 돌아볼 수 있는 테스트 가이드가 있으면 좋지 않을까 해서 현장에서 활동하는 선생님들을 초청해서 이렇게 같이 얘기를 나누고 만들어보는 시간을 가져보려고 합니다.

먼저 대상화의 정의를 각자 어떻게 생각하고 있는지 나눠보아요.

포도   이번에 2호 'SNS와 고양이'를 준비하면서 대상화에 대해서 조금 깊게 생각을 해봤어요. 그런데 저는 사실 대상화를 오히려 이용했던 것 같아요. 예를 들면 입양홍보할 때 귀여운 모습이나 사람들의 관심을 쏟을 만한 것을 많이 올렸어요. 대상화의 부정적인 부분이 있다는 것을 알고 마음의 갈등이 생겨요. 저는 스토리나 삶에 대한 맥락이 없이 일부분만 잘라서 어떤 현상을 보여주는 게 대상화라고 생각해요.

평화
동물권행동 카라
교육아카이브팀
활동가

우무
@sapsareefamily
매거진 탁! 에디터

포도
@podo.work
매거진 탁! 편집장

평화　　멋진 정의를 이미 내리신 것 같은데요.

무무　　특정 수단으로만 그리고 그 이외에 그 존재가 삶에서 가지고 있는 주체성이라든지 여러 가지 면들을 보지 않는 것을 대상화라고 생각합니다. 사실 대상화라는 게 상대에 대한 애정에서 나온 것도 있는데 대상화라고 비판하고 끝나는 게 아니라 비판함으로써 애정을 좀 더 긍정적인 방향으로 나아가게 할 수 있으면 좋겠다고 생각하고 있습니다.

다니　　어떤 목적을 가지고 그 부분만 보는 거잖아요. 예를 들면 품종묘의 눌린 코, 짧은 귀같이 부분적으로 열광하는 부분이 대상화이지 않을까 하고 생각해봤어요.

나미　　저는 어떤 존재를 내가 원하는 특정한 부분에 맞춰서 생각하는 것은 다 대상화가 될 수 있다고 생각해요. 이건 사실 저희 활동가 안에서도 토론이 돼야 하는 부분인 것 같아요.

어떤 부분이 맞고 어떤 부분은 틀렸다고 정의 내리기가 어려워요. 저도 킁킁도서관 인스타 운영을 담당하고 있는데 사서 고양이 알식이랑 무쇠 사진을 늘 찍어서 올리거든요. 그런데 올리지 못하는 사진들이 되게 많아요. 좀 웃기게 있는 사진들도 있고 배가 뽈록 나와 있는 사진들 같은 거요. (웃음) 그런 사진들을 올리더라도 귀엽다는 말을 안 올리려고 하거든요. 특징이 다른 게 있으면 그런 것을 설명하려다 보니까 갈수록 노잼 인스타가 되어가는 부분은 분명히 있어요. (웃음)

예전에 에코 페미니즘 강연을 들었을 때 강연자분께서 우리가 어떤 사람이나 동물을 사랑할 때 대상화를 시키지 않는 것은 거의 불가능하다고 얘기해 주셨어요. 문제는 상대를 대상화시켜서만 생각하게 되는 것이라고요. 그때 그 얘기를 듣고 좀 마음이 편해지긴 했어요. 계속 대상화에 대해 고민을 하면서 갈 수밖에 없겠다는 생각이 많이 들었던 것 같아요.

평화　　저는 일단 세 분이 말씀하신 걸 정리해 보고 싶어요. 포도는 어떤 존재에 담긴 맥락을 무시하고 그 존재를 파편화하는 것에 대해 말씀해 주신 것 같고요. 무무는 존재의 주체성을 무시하는 수단화에 대해서, 다니는 다양성을 무시하고 품종이나 외모 등을 기준으로 하는 획일화에 대해서 얘기해 주신 것 같아요. 파편화, 수단화, 획일화는 우리가 대상화에 대해 사유할 때 중요하게 고려할 수 있는 기준이라는 생각이 들었어요.

저는 어떤 존재를 대상으로 삼는 게 곧 대상화는 아니라고 생각해요. 대상화라는 개념에 대해 생각할 때, 제가 느끼기에 가장 중요한 것은 권력 문제예요. 그러니까 우리가 무엇에 대해서 말을 하고 재현할 때에는 자기 생각이 투사되고 반영되잖아요.

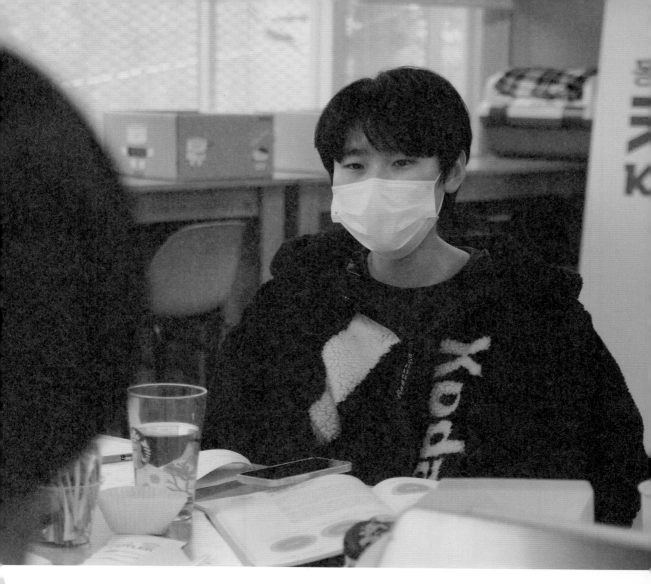

그 대상이 자기 자신에 대해서 실제로 어떻게 생각하는지와는 관련 없이, 내가
생각하는 이 사람은 어떤지, 이 동물은 어떤지 내 생각을 계속 투사하면서 규정하려고
들 때, 그게 대상화가 될 수 있다고 봐요. 이 사회에서 인간은 동물보다 큰 권력을
가지고 있는데 동물의 권리에 대해서는 인간이 목소리를 내야 하니까, 어떤 순간에든
대상화가 발생할 위험이 있다고 생각해요.

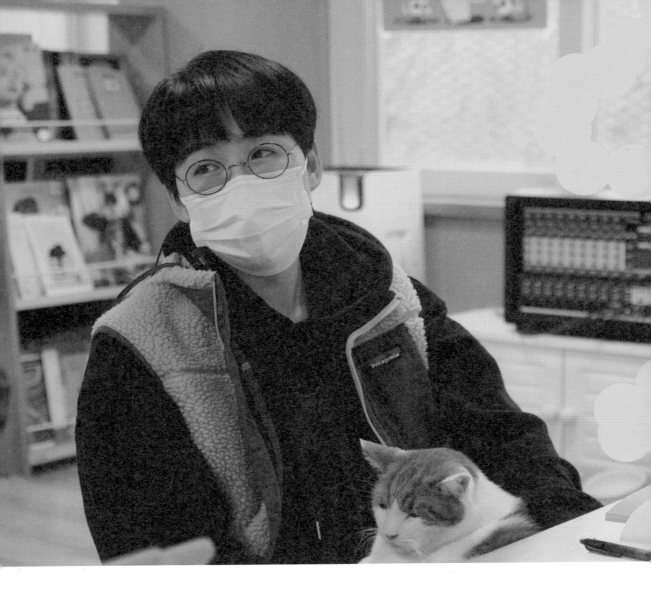

또, 유기동물 입양홍보라든지 대상화하는 목적에 따라서 판단이 달라질 수 있겠다고 말씀해 주셨는데요. 좋은 목적이 있더라도 의도와는 다른 효과를 발생시키는 경우가 있는 것 같아요. 인권의 영역에서도 가령 빈민이나 난민 문제를 재현할 때, 그들을 돕기 위한 목적에서 광고를 하더라도 그들을 드러내는 방식에서 윤리적인 문제가 나타날 수 있잖아요. 그래서 대상화에 대해서 생각할 때는 누가 더 권력을 가지고 있는가? 재현을 통해 어떤 효과가 발생하는가? 이 두 가지를 항상 고려해야 하지 않을까 하는 생각이 들었습니다.

magazine tac!

이전 자료 검토

저희가 이 체크리스트를(동물권 단체 무브 발행 대상화 리스트) 참고했다고 말씀을 드렸잖아요. 그 래서 이것을 한 번 같이 읽어보고 각자 생각을 나눠보면 좋겠다는 생각이 들었어요. 여기에서 시작해 도 좋고 아니면 저희만의 테스트를 한번 만들어보면 좋겠다는 생각이 듭니다.

| 나미 | '내가 외로울 때 내 곁에 있어줄 반려동물을 원한 적이 있다' 같은 항목은 내가 외롭고 힐링을 받고 싶어 다른 대상을 힐링을 주는 존재로 대상화하는 것을 얘기한다고 생각을 했어요. 어떤 사람 간의 애정 관계에서도 내가 외로울 때 나의 외로움을 충족시키려는 존재로서 상대를 찾는 것은 상대를 대상화시킬 수 있다는 생각은 들었어요. |

| 다니 | '나는 함께 사는 고양이의 집사로 살고 있다.' 항목은 집사면 안 되는 건가 이런 생각이 들었는데 이 항목에 대해 이전에 탁 필진들이랑 먼저 같이 얘기를 해봤거든요. 혹시 이 집사라는 용어 자체가 문제인 거 아닐까 싶어요. |

| 나미 | 아까 평화님이 말씀하신 것처럼 동물이 인간보다 권력이 큰 상황이 아닌데 사실 그렇지 않으면서도 높이면서 얘기하는 거잖아요. |

| 평화 | 제가 느끼기에는 그런 표현을 쓴다고 해서 동물에 대한 고정관념이 더 강화되거나 동물의 처지를 더 악화시키거나 한다고 별로 생각하진 않아요. 우리가 개인적으로 동물과 관계 맺는 다양한 방식들이 있는데 집사라는 표현이나 '통장으로 기른다' 이런 것도 그렇고 사람들이 재밌어하면서 동물과의 관계에 대해서 언어들을 만들잖아요. |

만약에 고정관념을 만들거나 혹은 동물을 인간보다 더 낮은 존재로 딱 규정해버리는 언어를 쓰는 건 문제지만 저는 어느 정도는 저렇게 재밌는 걸 만들고 우리와 동물의 관계를 새롭게 해석하기 위한 언어들을 만드는 거는 또 동물을 존중하는 방향으로 나아갈 수 있는 매개가 될 수도 있다고 생각하기 때문에 그렇게 문제라거나 대상화라고 생각하지 않습니다.

제가 생각했을 때 이 체크리스트에는 굉장히 여러 층위가 섞여 있다고 느껴지거든요. 칸트가 인권에 대해서 말할 때 인간은 존재 자체로 그 목적이라고 했는데 그런 것처럼 사실 동물도 존재 자체가 목적인데 우리가 동물을 목적으로 보지 않고 수단으로 보는 거잖아요. 나의 식생활을 위한 수단, 나의 의생활을 위한 수단, 동물 실험을 위한 수단, 이런 수단화의 내용이 이 리스트에 포함되어 있는데 지금 대상화와 수단화 이 두 개념을 좀 구분할 필요가 있을 것 같아요. 사람들이 대상화라고 했을 때는 재현의 문제를 다루기 때문에 사진이나 영상이나 언어, 글 이런 데서 어떻게 그 존재를 재현하느냐의 문제로 많이 생각하는데 이 리스트는 수단화와 섞여 있다 보니까 이걸 읽는 사람들이 너무 다양한 층위가 있으니까 조금 이해하기 어렵다고 느낄 수 있을 것 같아요.

무무   원래 저희가 탁! 테스트를 만들고자 하는 것도 SNS상에서 동물이 어떻게 재현되느냐에 대한 생각에서 시작되었기 때문에 대상화에 좀 더 초점을 맞춰서 SNS에 동물의 사진이나 글을 올릴 때 어떻게 하면 좋을까 이런 거에 대한 테스트를 만드는 걸로 집중하면 어떨까 하는 생각이 드네요.

귀엽다 / 귀여운 / 아기어 / 그리고 입양활동

포도   아까 킁킁도서관 포스팅할 때 (대상화를 하지 않기 위해) 여러 가지를 배제하게 되면 재미없는 인스타그램이 된다고 하신 말이 너무 공감이 돼요. SNS는 사실 재미와 시간 소비가 가장 미덕인 매체잖아요.

다니   무쇠나 알식이가 너무 귀여운데 이제 귀엽다고 하면 좀….

포도   귀여워하면 안 되는 거예요?

평화   아까 알식이가 귀엽다, 무쇠가 귀엽다고 하는 것에 대해서 걱정된다고 했는데 나미 님 말처럼 어떤 존재를 귀엽게 느끼는데 말 못 하고 살 수는 없잖아요. 그래서 귀여울 때는 귀엽다고 할 수는 있지만 제가 우려되는 상황은 우리가 동물에 대해서 느낄 수 있는 감정이 귀여움 밖에 남지 않는 순간인 것 같아요. 예를 들어서 이런 경우가 있었거든요. 한 다큐에서 펭귄이 살아가기 위해서 치열하게 사냥하고 헤엄치는 삶의 과정을 포착한 순간들이 나왔는데 그거를 보고 어떤 사람들이 "펭귄 너무 귀엽다."라고 했던 거죠. 사실 우리는 펭귄에게 다양한 감정들을 느낄 수 있어야 하잖아요. 경외감이라든가 아니면 그동안 귀엽게 재현된 것만 봤었는데 사실은 저렇게 공격성도 있을 수 있구나 같은 거요. 내 생각과 다른 존재구나 하고 다른 감정을 느낄 수 있어야 하는데 어떤 다양한 콘텐츠를 봐도 귀여움으로만 느끼면 동물에 대해서 우리가 느낄 수 있는 풍성한 것들이 많이 사라질 수도 있다고 봐요. 모든 귀여움을 느끼는 것이 잘못이라기보다는 이런 몇몇 상황들이 있지 않나라는 생각을 했던 것 같아요.

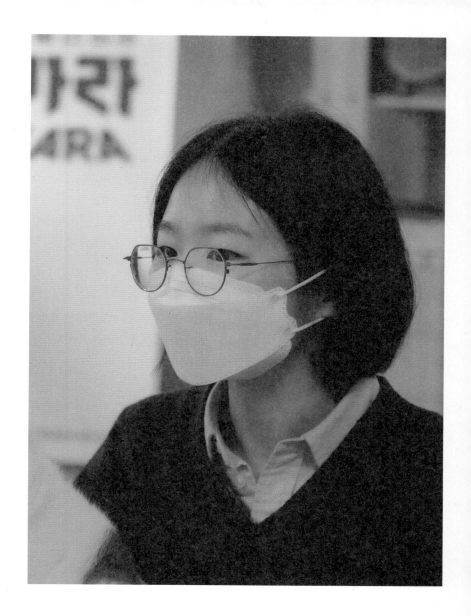

포도	덧붙여서 "길고양이는 무조건 불쌍해."라는 것도 같은 맥락일 수 있겠다는 생각도 들어요.
나미	사람들이 어떤 고양이를 봤을 때 "너 그렇게 귀엽지 않으면 어떻게 입양 갈래?"라고 한 적이 있는데 그때 내가 고양이를 귀엽다고 말하는 게 문제가 될 수 있겠구나 그런 생각이 많이 들었던 것 같아요.
평화	길을 가다가 정말 귀여운 개를 봤어요. 그런데 그럴 때 귀엽다고 말하지 않아요. 왜냐하면 대부분 사람이 귀여운 개를 키우기 위해서 품종견을 키우잖아요. 그런데 제가 예를 들어 푸들이나 비숑을 보고 "너무 귀여워요."라고 하면 '역시 우리 비숑이 귀엽지.'라며 혹시 제가 그 품종에 대해 귀여움을 표현하는 걸로 받아들여질까 봐요. 좀 전에 말했듯이, 제 말이 제 의도와는 다른 효과를 불러올까 봐 좀 주의하는 편이에요.
다니	또 추가로 평소에 고민이 되었던 부분들을 같이 나눠주시면 좋을 것 같습니다.
무무	아기어요. 김지원 님과 돌고영 님과 인터뷰하면서 강아지나 고양이를 SNS에 올릴 때 입양홍보를 좀 더 효과적으로 하기 위해서 귀엽게 표현하거나 어린아이가 말하는 것처럼 쓴 경우가 트위터에서 논란이 됐다고 들었어요. 단기적으로는 입양효과가 있을 수 있지만 장기적으로 봤을 때는 또 강아지를 너무 아이처럼 보호가 필요한 존재처럼 그리는 것 같아서 이런 것들이 고민이 많이 되는 것 같아요.
포도	이 망망대해의 수많은 고양이와 강아지를 입양보내기 위해서 정말 다들 애쓰고 계시잖아요. 한 번이라도 더 클릭해서 이 동물을 봐줬으면 좋겠다는 마음 때문에 저는 대상화를 좀 적극적으로 했던 것 같아요. 입양홍보를 위해서 스카프라도 하나 해서 예뻐 보여서 입양을 잘 가면 얼마나 좋겠어요.
나미	활동가들도 동물 사진을 찍을 때 소품을 이용하는 경우가 있어요. 동물이 목도리를 하거나 모자를 쓰는 사진이요. 아기어에 대한 고민도 있어요. 입양지원서라는 형식으로 동물을 소개하는 콘텐츠가 있었는데, '동물의 스토리가 잘 이해된다'라거나 '재밌다'라는 평가를 받기도 했어요. 반면에 우려하는 의견들도 있었어요. 입양을 못 가는 동물들이 너무 많다 보니 사실 어느 정도 이해하거든요. 그래서 담당 활동가들이 최대한 과장하지 않으려고 조심하려 해요. 그 나이의 어린이가 할 법한 말투로, 구조 스토리 중심으로 소개하려고 하죠.
다니	무조건 안 된다기보다는 많은 것을 고려해야 하는 것 같아요.

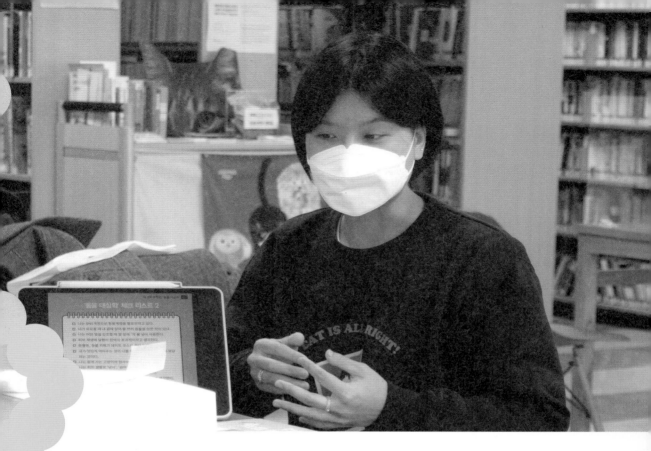

나미	그러니까 우리가 이건 틀렸다고 하는 입장이 될 수가 없어요. 문제의식이 생길 때마다 계속 생각하고 다른 활동가들이랑 논의하거나 이게 정말 문제인가 고민해 보는 방법밖에는 없는 것 같아요.
평화	저는 아기어나 유아화나 '아이', '아가' 이런 표현을 쓰는 거에 대해서 사람들이 자기 반려동물과 어떤 관계를 맺는지에 대해서는 터치할 필요 없다고 생각하거든요. 제가 반려묘 얘기를 하면서 우리 아가가 어떻다고 얘기하는 것은 문제없다고 생각해요. 왜냐하면 그게 제가 설정한 관계고 그런 것을 반려인마다 다르게 설정하고 있기 때문에요.

그런데 만약에 어떤 사람이 제 성별을 함부로 짐작해서 제 고양이한테 "너는 엄마 있어서 좋겠네."라는 말을 한다면 저는 굉장히 불쾌할 거거든요. 그러니까 제가 이 동물의 엄마라고 관계를 설정한 적이 없고, 또 제가 스스로를 여성이라고 밝힌 적이 한 번도 없음에도 제 성별이나 반려묘와의 관계를 마음대로 규정한 거니까요.

SNS와 고양이

타인과의 관계, 공적 영역, SNS, 언론 같은 곳에서는 아기어와 같은 표현을 쓰는 것에 더 유의해야 하지 않나 싶어요. 그러나 개인 구조자들이 입양홍보를 할 때 동물이 귀엽고 사랑스럽다고 느낄 수 있잖아요. 왜냐하면 그 동물이 얼마나 소중하다고 생각했으면 구조를 했겠어요.

그러니까 이 동물이 나에게 너무 귀엽고 하나하나 사랑스럽다고 충분히 말할 수 있다고 생각해요. 왜냐하면 그거야말로 정말 품종묘나 외모나 이런 거에 따라서 재현하는 게 아니라 구조자 관점에서 내가 구조한 동물이 정말 사랑스러워서 사진에 담는 것이니까 당연히 충분히 용인 가능한 범위라고 생각해요.

그런데 과도하게 옷을 입히거나 너무 귀여운 모습만 보여줬을 때 구조자에게도 좋지 않을 수 있는 점이 있는데 단순히 귀여움만을 원하는 사람들만 입양 신청을 할 수 있다는 거죠. 그러니까 그 동물의 그 존재 자체를 보거나 사연을 보거나 성격을 보는 게 아니라 "이렇게 옷 입고 있는 거 너무 귀여워."라고 하는 사람이 입양 신청을 할 경우에 원하는 입양자를 찾기 어려울 수도 있는 거죠.

일동   맞아요.

성별 고정관념

포도   혹시 그러면 입양홍보글 중에 '이거는 정말 좀 아니다'라는 케이스가 있을까요.

나미   이것도 개인의 차이인 것 같긴 한데 너무 성별에 따라서 규정해서 글을 적을 경우에는 보기 힘들었던 것 같아요. 암컷을 얘기할 때 성격이 여자여자하다거나 천생 여자고 집에서 되게 차분하다, 수컷은 씩씩하게 놀고 사냥도 잘한다는 식으로 쓰는 경우들이 옛날에는 있었거든요. 저희도 성별을 나누지 않고 어떤 하나의 개체나 동물을 각각의 경험에 따른 특성으로 설명해 주면 좋겠다고 이야기해요.

다니   동물을 묘사할 때 성별 고정관념에 따른 언어를 사용한다 이런 식으로 탁! 테스트 문항을 만들어보면 될 것 같아요. 이런 경우가 많으니까요. 예를 들면 '꽃순이는 천생 여자다.' 같은 식으로요.

나미   근데 매거진 탁! 에서는 암컷, 수컷이라고 쓰나요? 아니면 성별을 어떻게 지칭해요?

포도   암컷, 수컷이라고 썼던 것 같아요.

평화   여성, 여자, 암컷 등 여러 표현을 섞어서 쓰잖아요. 이것에 대해서 활동가들끼리

가볍게 얘기를 나눠본 적 있었어요. 심도 있게 토론하지는 못했고, 답을 내리기도 어려웠고요. 저는 동물에게 여성, 남성이라는 표현을 쓰는 게 단지 어색해서라기보다는, 좀 더 심도 있는 고민이 필요한 문제라고 봐요. 인간 사회에서의 여성, 남성은 생물학적인 것도 있지만 사회문화적인 것도 있고 규범적인 것도 있고… 성별 이분법 때문에 단 2개로 규정되는 부분도 있고 여러 측면이 교차하잖아요. 그런데 이걸 동물에게 쓰는 순간, 언어의 다양한 층위가 단지 몸의 구성요소에 대한 것으로만 축소되는 것 같아요. 인간과 동물은 성별을 감각하고 정체화하는 방식이 다르기 때문에 인간 사회에서 역사성을 가진, 다양한 해석이 가능한 여성과 남성이라는 언어를 동물에게 그대로 적용하는 것은 어울리지 않는다고 생각해요.

사실은 언어가 부재한 거죠. 그래서 그거를 이제 만들어 나가는 게 과제라고 보는데 어쨌든 '여성', '남성'은 저는 대안은 아니다. 그런데 그러면 뭐가 대안이냐 물어보면 아직 모르겠어요.

'여성', '남성'을 쓰는 것보다는 일단은 그냥 암컷, 수컷, 저는 거기에 아직 머물러 있는 단계인 것 같아요. 왜냐하면 대안을 찾지 못했기 때문에 통상적으로요.

포도   새로운 관점이네요.

평화   한국어는 굳이 영어처럼 대명사를 쓸 필요 없으니까 he나 she로 받을 이유가 없잖아요. 동물에게도 우리가 부여한 이름이 있을 거기 때문에 그 이름을 계속 부르면서 SNS상에서 나타내는 것도 한국어로 할 수 있는 좋은 방법이다 그런 생각을 했어요. 영어권에서는 다른 언어를 개발하고 있다지만….

포도   언어를 새롭게 만들거나 바꾸는 건 너무 어려운 것 같네요.

다니   다른 얘기인데 저는 고양이를 얘기할 때 친구라고 많이 이야기하거든요. 편하고 친근하게 느껴져서요.

평화   고양이는 그거에 대해서 기분 나쁘게 생각하지 않을 것이기 때문에 어떻게 보면 써도 된다고 봐요.

펫숍 소비 계정

다니   조금 다른 맥락인 것 같기도 한데요. 저는 인스타를 하면서 펫숍에서 사 와서 키운 것 같은 동물 계정 팔로워 수가 엄청 커지는 걸 많이 봤어요. 그런데 유기된 품종

동물을 구조해서 데리고 온 것일 수도 있잖아요. 한 예로 어떤 사람이 왜 품종 동물을 키우냐고 SNS에 전시하지 말라고 비난했는데 막상 알고 보니 유기된 품종묘를 구조한 경우였던 적이 있었어요.

나미   품종 동물이라고 하지 않고 펫숍 소비 계정이라고 표현을 하면 조금 더 정확하고 또 사람들이 민감하게 받아들이지 않을 수 있을 것 같아요.

맥락 없는 파편적인 이미지

나미   제가 쿵쿵도서관 하면서 발간되는 책, 해외 책들을 보고 있으면 일본 책 중에는 수컷 고양이들 땅콩만 모아놓은 사진도 있고 발만 모아놓은 사진도 있어요. 처음엔 저도 너무 재밌다고 해서 봤었는데 사지는 못하겠더라고요. 아무래도 조금 그런 부분이 좀 더 먼저 문제처럼 논의가 돼야 하는 대상화의 한 예인 것 같아요.

포도   페티시*(fetish) 같아요.

무무   고양이의 한 부분에 집착하는….

포도   한 부분을 극단화시켜서 페티시 하는 것은 지양해야 되죠.

다니   이 신체 일부분에 대해 대상화하는 문제에 대해 비판하고 대안을 얘기하는 거는 참 또 다르네요. (테스트의 항목으로 표현한다면) "나는 고양이의 젤리나 수컷 고양이 땅콩 사진을 모아본다"라든지….

일동   (웃음)

평화   그 문장을 읽고 이상하다는 느낌이 든다면 그나마 다행인 것 같네요.

*　　　페티시(fetish) 손이나 발 따위의 몸의 특정 부분 또는 옷가지나 소지품 따위의 물건을 통하여 성적 흥분이나 만족을 느끼는 일

마무리

매거진 탁! 필진끼리 모여 이야기할 때는 명확하지 않은 부분이 많았는데, 평소 이 주제에 대해 고민을 많이 하신 동물권행동 카라의 교육 아카이브팀에서 중요한 통찰을 제공해주셔서 유익한 워크숍이 되었습니다. 오늘 이야기한 내용을 바탕으로, 탁! 테스트의 항목들을 만들어보겠습니다. 오랜 시간 고민해주시고 의미 있는 이야기 나눠주셔서 감사합니다.

탁! 테스트

동물에게 인간 중심적인 언어를 사용한다.

ex) 야생성이 강한 동네고양이를 순화해야 한다. / 내 애완동물이 가장 귀여워.

사람 입장의 표현인 '순화' 대신 '사회화', '애완동물' 보다는 '반려동물'을 사용합니다.

고양이 삶의 이야기와 다양한 면모를 고려하지 않고 한 가지 특성으로 획일화한다.

ex) 고양이는 너무 귀여워. / 길고양이는 다 불쌍해.

동네고양이도 삶이 있습니다. 유심히 관찰하다보면 귀여운 면 뿐만 아니라 다양한 모습도 발견하게 될거예요.

성별 고정관념에 따라 동물을 규정한다.

ex) 꽃순이는 조용하고 여성스러워서 키우기 편할 거예요.

동물 각자마다 개성이 있어요. 그 특징을 설명해주세요.

펫숍 소비 계정을 다수 팔로우하고 있다.

펫숍에서 동물을 구매하는 것을 구매하기보단 유기동물의 입양을 적극 추천합니다. 품종동물 소비를 부추기는 계정은 이제 안녕~

고양이의 특정 부위만 찍은 사진을 다수 저장해놓고 있다.
ex) 고양이 발바닥, 수컷고양이 땅콩사진 등등

동물의 부분 사진이 아니라 대상이 사람이라고 생각하면 정말 이상한 행동이 되죠. 동물의 권리도 지켜주는 사람이 되자구요.

동물에게 원하지 않는 행동을 강요하는 챌린지에 참여하거나 챌린지 영상을 자주 본다.

ex) 고양이를 벽에 닿게 하는 챌린지, 동물이 투명 벽을 통과하도록 하는 챌린지

동물에게 허락받지 않고 하는 행동은 지양합시다. 사람은 즐거울지 몰라도 동물은 동의하지 않았으니깐요.

동물권행동 카라 《동물권 활동가를 위한 인권길라잡이》를 일부 참고 하였습니다.

essay

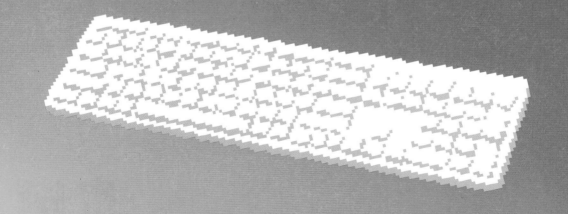

고양이의 귀여움은
세상을 구할 수 있을까?

동물 대상화와 미디어

권나미

동물권행동 카라 교육아카이브팀 활동가.
카라동물영화제, 동물전문 킁킁도서관을 담당한다.
영화의 내용을 넘어서 촬영 과정에서의 동물의 권리를 고민하여
《동물 출연 미디어 가이드라인》 제작에 참여했다.
instagram @pado.kwon

'귀여움이 세상을 구한다'라는 말이 있다. SNS에는 동물의 다정한 몸짓, 놀라운 운동신경, 잠꼬대, 낯선 울음소리 등 비슷하면서도 새로운 사진과 영상들이 셀 수 없이 올라온다. 사람들은 동물의 귀여운 영상이나 사진을 보면서 스트레스를 풀고 편안함을 느끼며 힐링을 얻고자 한다. 뉴스에서는 인류애가 사라지는 소식이 가득하고 팬데믹으로 불안마저 넘치는 요즘이니 사람들이 귀여운 동물을 보며 힐링을 얻으려는 것은 크게 놀랍지 않은 일이다. 나 역시 힘든 하루를 보내고 나면, 반려묘나 동료 고양이와 시간을 보내며 위안을 찾고, 여기저기에서 만난 동물들을 귀여워하거나 반가워하며 사진을 찍는다. 동물의 귀여운 순간을 잘 포착했을 때는 힘들었던 고민도 잊어버리고 만족감만 남기도 한다. 인간의 세상에서 동물의 귀여움은 분명 효력이 있다. 하지만 그 효력에 부작용이 없다고 단언할 수도 없다. 그리고 그 부작용은 인간인 내가 아닌, 동물에게 향할 가능성이 높기 때문에 더 조심스럽다.

SNS에서 동물영상은 주요 콘텐츠이다. 요즘에는 숏폼이 크게 성장하고 있는데, 숏폼 플랫폼에서는 10~30초 내외의 짧은 영상을 간편하게 편집, 촬영하여 공유할 수 있다. 동물이 주요 관심사로 인식된 계정이라면, 귀엽고 재밌는 동물영상을 무한대로 볼 수 있다. 나는 30초도 안 되는 영상들을 보다가 한 시간이 훌쩍 지나간 적이 있다. 비슷한 형식의 영상이라서 몇 개만 보면 그만이라고 생각했지만, 100여 개의 영상을 보며 시간이 지난 줄도 몰랐다. 내가 한 시간 동안 무슨 영상을 봤는지 헤아려보다가 몇 개의 동물 이미지만 떠올랐다. 그제야 정신을 차리고 동물영상들을 하나하나 다시 살펴보기 시작했다. 대다수의 영상에는 별다른 설명 없이 영상만 게시되어 있었고, 댓글들은 '귀엽다', '웃기다'라는 말들로 가득했다. 애초에 짧은 순간을 즐기는 문화였기에 영상의 내용이나 등장했던 동물들을 기억할 필요는 없었다. 인간들이 귀여워하고 재밌게 느낄 순간을 위해 동물이 등장하는 영상들이 만들어진다. 문득 '내가 본 100개의 영상 뒤에 몇 개의 영상들이 더 있을까?', 그리고 '앞으로 얼마나 많은 동물영상들이 올라올까?'라는 생각이 들자 암담해졌다.

동물을 아끼는 마음이 어떻게 동물에게 해로울 수 있을까?

귀여운 동물영상에서 암담함을 느낀 것은 어쩌면 나의 직업병에서 비롯된 것일 수 있다. 동물단체 활동가로서 언제부턴가 동물영상들이 불편하게 느껴졌다. 단순히 웃고 넘길 일이 아니라고 느껴졌던 건 반려동물 영상 챌린지가 등장하면서부터였다. 하나의 챌린지가 유행을 하면 수백, 수천 건이 넘는 영상이 만들어졌다. 대다수는 소비자가 자발적으로 만든 영상이었다. 문제는 하나의 영상이 유행하면 더 자극적이거나 더 웃기고 귀여운 영상들로 업데이트되어야 사람들의 관심을 받게 되는 구조라는 것이다. 하나의 예로 '투명 벽 챌린지'는 투명 랩을 설치해두고 반려동물이 부딪히는 반응을 살피는 형식이었다. 영상에서 동물들은 미리 투명 벽을 인지하고 피하기도 했고, 부딪혀서 얼굴이 눌리거나 어리둥절한 모습을 보이기도 했다. 투명 벽이 있기 때문에 앞으로 나아가지 않고 그 자리에 멈춰 있는 동물들이 많았는데, 동물에게 리액션을 강요하는 모습이 다수 발견되었다. 어떤 사람들은 동물의 등을 밀기도 했고, 챌린지를 재차 시도하게 했다. 사람이 만족할 만한 결과가 영상에 담겨야만 챌린지를 끝낼 수 있었다. 만약 동물이 끝까지 사람의 기준에 만족할만한 행동을 하지 않는다면, 동물을 한심해하거나 멍청하다고 표현하는 등 조롱하는 모습들도 있었다. 동물영상 챌린지에는 장애물 피하기부터 죽은 척하기, 인형 탈을 쓰고 놀라게 하기, 동물을 공중으로 던지기까지 형식이 다양했고, 챌린지를 만들어낸 원조 영상에는 문제없었다고 하더라도 수백 개의 영상으로 번지는 과정에서 문제 소지가 있는 영상은 결국에는 나타났다.

챌린지 영상은 대부분 자신의 반려동물을 대상으로 만들어진다. 문제 소지가 있다고 여겨지는 영상을 만든 사람도 자신은 동물을 사랑한다고 대답할 것이다. 그 마음마저 의심하진 않는다. 하지만 동물이나 사람, 상대를 사랑하고 아끼는 마음이 언제나 상대를 존중하는 방식으로 그려지지 않는 때도 있다. 서로 재밌자고 하는 일이라지만, 재미는 동물을 위한 것이 아니라, 인간을 위한 것이다. 동물영상 챌린지는 한때 공중파에서 유행했던 페이크 촬영 포맷, 이른바 '몰래카메라'와 닮았다. 90년대에 방송했던 '몰래카메라'에서는 연예인이나 일반인을 연출된 상황에 넣고 당황하거나 두려워하는 반응을 재미로 포장했다. 2000년대에 들어서고 인권 인식이 높아지자 인간을 대상으로 하는 몰래카메라는 더 이상 인기를 끌지 않는다. 악의가 없고 위험하진 않더라도 이제는 누군가를 속이고 가학적으로 괴롭히는 영상을 많은 사람이 불편하게 받아들이기 때문이다. 인간의 재미를 위해 인간을 속이는 영상은 문제인데, 인간의 재미를 위해 동물을 속이는 영상은 괜찮단 말인가? 인간을 위해 다른 종을 이용하는 것을 오히려 더 문제로 받아들여야 하지 않을까? 챌린지 영상이 동물을 위해서 만들어졌을까? 반려인들은 동물이 챌린지에 성공하면 기특해하거나 기뻐했고, 실패했을 때는 재밌어했고, 반려동물을 멍청하지만 귀여운 동물로 묘사하기도 했다. 챌린지 영상의 목적은 긍정 훈련보다는 인간의 만족과 재미를 위해 만들어졌다.

동물을 좋아하는 마음이 만드는 대상화

표준국어대사전에서 '대상화'는 '어떠한 사물을 일정한 의미를 가진 인식의 대상이 되게 함'이다. 다시 말하면, 나와 다른 존재를 내가 원하는 특성으로 평가하는 것이라 할 수 있으며, 대상화는 도구화, 타자화와도 함께 자주 사용된다. '동물 대상화'는 동물을 하나의 주체적인 존재로 여기지 않고, 인간이 원하는 이미지(귀여운, 신비한, 우스운, 먹음직스러운, 혐오하는)로 대표하거나, 소품처럼 취급하는 것을 말한다. 동물을 귀여워하는 것도 그렇지만, 인간과 다른 동물의 행동을 재밌게 여기거나, 동물을 신비한 존재로 그려내는 것, 소나 돼지를 보며 맛있겠다고 여기는 것, 쥐와 비둘기를 병균이 가득한 더러운 존재로 혐오하는 것 모두 대상화에 속한다. 인간인 우리는 거의 매 순간 동물을 대상화한다. 살아있는 동물을 음식으로 여기거나 혐오하는 시선은 직접적인 폭력으로 연결될 가능성이 높기 때문에 보다 문제적으로 다뤄야 할 일이지만, 동물을 좋아해서 귀여워하고 재밌어하는 마음도 간접적으로 동물에게 해로울 수 있다. 앞서 말한 귀여운 동물 영상이 이에 속한다. 하나의 동물영상은 동물의 하나의 특성을 보여줄 수 있지만, 챌린지처럼 번지는 과정에서 모든 동물을 그 특성에 맞춰 보여주려 하게 된다. 동물의 귀여움을 동물을 대표하는 특성으로 공고화하는 것엔 위험이 따른다. 외적인 부분을 칭찬하는 것은 인간적인 관점이며, 인간의 기준에 미치지 못하는 동물에게는 부정적인 영향을 끼친다. 기르던 동물의 몸집이 커지자 버리는 것, 동물보호소에 입양률이 낮은 믹스견과 코숏 고양이는 동물의 외적인 귀여움에 대한 인간의 기준과 무관하지 않다. 게다가 외적인 귀여움을 강조하는 동물 영상에서는 품종이 자주 등장하는데, 결국 펫숍 소비로 이어진다. 펫숍에서 판매하는 품종 동물은 그야말로 '대상화'된 존재들이다. 인간의 기호에 맞추어 납작한 얼굴, 큰 눈, 짧은 다리와 긴 허리, 주름이 가득한 외형을 만들기 위해 품종 동물들은 각각의 유전적인 질병을 떠안게 되었다.

동물권행동 카라는 2020년 국내 최초로 《동물 출연 미디어 가이드라인》을 만들었다. 국내에서는 미디어 동물에 대한 연구도 없었기 때문에 해외 자료 조사부터 국내 실태 조사까지 완성하는데 1년 넘는 시간이 걸렸다. 카라의 가이드라인은 촬영으로 인해 동물이 다치거나 죽어서는 안 된다는 가장 기본적인 것에서 출발하여 동물에게 필요한 최소한의 가이드라인을 담았다. 또한, 동물을 다루는 콘텐츠가 지켜야 할 준수사항도 정리했는데 미디어는 동물을 감정이 있고 지각력이 있는 존재로 드러내야 하고, 동물학대를 정당화하거나 선정적으로 다루어서는 안 된다고 제시한다. 또한, 동물에 대한 선입견을 심어주거나 부정적인 편견을 조장하지 않아야 한다.

동물을 구조하는 현장에서도 동물 대상화는 일어날 수 있다

동물 대상화는 동물권 활동가인 나에게도 벌어지는 일이다. 동물권행동 카라의 SNS에서는 질병이나 학대와 같이 위험한 상황에 놓인 동물의 이야기들이 거의 매일 게시된다. 활동가들은 동물이 겪는 현실을 더 널리 알리고 사람들이 동물의 고통에 공감할 수 있는 글을 쓰고자 노력한다. 그러다 보면 동물을 약하고 불쌍한 존재라고 강조하며 사람들의 동정심을 끌어내는 방식이 자주 사용된다. 한편, 활동가들은 '동물은 지각력 있는 존재'이며, '동물은 보호 대상이 아닌 권리 주체이다'라는 주장도 함께 펼친다. 언제나 도움이 필요한 존재와 주체적인 존재, 이 두 가지가 상충하는 지점에서 동물권 활동가들은 무엇을 선택해야 할까?

카라 활동가들은 2019년 자발적으로 인권 소모임을 만들었다. 동물권 현장에서 인권을 침해하는 경험을 자주 마주했었고, 동물을 위한다는 활동이 동물권을 침해하는 것은 아닌지 스스로 질문이 생기기 시작했기 때문이었다. 활동가들은 각자의 경험과 고민을 공유하며 치열한 토론을 벌이며 대안을 찾으려 애썼다. 5개 주제의 24개 차별 사례에는 동물을 품종에 따라 일반화시키는 것, 인간 중심적인 용어 사용, 성별 고정관념으로 동물의 행동 묘사, 동물에 대한 호칭도 포함되었다. 그중에서는 동물을 나이에 상관없이 '아이'라고 표현하는 것에 관한 토론도 있었는데, 동물을 '아이'라고 지칭하면, 어리고 약한 존재로 일방적인 돌봄이나 보호가 필요한 존재로 인식하게 만든다는 문제가 제기되었다. 반려동물을 돌보는 일이 당연한 반려인에게는 '아이'라는 표현이 문제가 되지 않을 수 있다. 활동가들은 각자의 맥락이 있는 사적인 호칭까지 변화해야 한다는 것은 무리이겠지만, 적어도 동물권 활동가가 동물을 나이와 상관없이 '아이'라고 사용하는 것은 지양해야 한다고 판단했다. 토론 내용과 고민은 《동물권 활동가를 위한 인권길라잡이》라는 소책자로 만들어서 동물단체 활동가들에게 공유했다.

인간의 찜찜함은 고양이의 세상을 도울 수 있다

인권길라잡이를 하고 미디어 동물을 분석하는 활동을 하면서도 우리는 '정답'은 찾을 수 없었다. 우리의 고민과 실수를 드러내고 인정하는 것 자체에 의미를 부여했다. 가이드라인 준수사항을 자주 되뇌고, 구조현장 동물을 '아이'라고 표현하지 않고 '구조된 개', '현장에 있던 고양이' 또는 이름으로 부르고자 노력한다. 그럼에도 동물권 활동가들은 동물 대상화에서 자유롭지 못하다. 우리는 여전히 동물을 약하고 불쌍한 존재로 그리기도 하고, 당장 입양을 해야 하는 귀여운 동물로 소개하기도 한다. 지금도 실수와 잘못을 반복하고 있다. 사실 대상화는 피할 수 없다고도 생각한다. 동물이 예상하지 못한 행동을 했을 때 가장 처음 드는 감정인 귀여움과 유쾌함을 피할 방법이 없다. 물론 대상화를 피할 수 없으니 앞으로도 하겠다는 선언은 아니다. 동물 대상화는 피할 수 없기 때문에 나는 앞으로도 쭉 찜찜하게 느끼고 의심하며 살아가려고 한다. 동물영상에선 동물의 안전을 우선순위에 두고 시청하고, 문제가 없더라도 내가 누를 '좋아요'가 어떤 연결을 만들지도 모른다는 것을 잊지 않는다. 동물을 귀엽게만 여기다 보면 동물의 삶은 망가지고 동물을 괴롭게 만드는 동물 산업에 일조하게 될 것이다. 나도 그 범위에서 그리 멀리 있지 않음을 늘 생각한다. 인간은 동물의 입장을 충분히 이해하지 못할 수 있고 이로 인해 동물은 위험하고 불편해질 수 있다. 그렇기 때문에 동물이 정말 필요로 하는 것이 무엇인지 계속 질문하고 나의 행동을 의심해야 한다. 내가 옳다고 여기지 않고, 오해하지 않았는지, 더 나은 방법은 없는지 고민해야 할 것이다. 나 혼자 고민한다고 될 일은 아니다. 나의 방법을 함께 의심해 줄 사람들이 필요하다. 복잡하고 어려운 삶처럼 느껴지지만, 인간이 자신의 행동이 최선이라 태평하게 오해할수록 동물을 비롯한 생명이 겪는 고통은 늘어날 수밖에 없다. 동물의 귀여움이 인간 세상을 구할 수 있다고 믿는다면, 인간의 찜찜함으로 동물 세상도 돕자. 그런데 우리도 동물이다. 결국 서로가 서로를 돕는 일을 하자는 것뿐이다.

《동물 출연 미디어 가이드라인: 어떠한 동물도 해를 입지 않았습니다》와 《동물권 활동가를 위한 인권길라잡이》는 카라 홈페이지 www.ekara.org -정보·소식 - 자료실에서 누구나 다운로드할 수 있다.

마음이 모이는 소셜미디어 그리고 딜레마

이진
미디어 커뮤니케이션 학자.
소셜미디어에서 일어나는 연대의 힘을 탐구
한다. 현재 호주 커틴대학교 조교수로 있다.
Twitter @jinlee_media
ljin8788@gmail.com

2012년 한참 페이스북이 국내에서 유행하던 시절, 어느 날 나는 모피를 위해 산 채로 가죽이 벗겨지는 라쿤의 이야기를 담은 링크를 페이스북에 올렸다. 며칠 뒤, 오리털 파카를 위해서 산 채로 깃털이 뜯겨 피가 나는 오리에 대한 링크를 또 올렸다. 그러자 한 지인이 조심스레 내게 말했다, 그런 거 그만 좀 올리면 안 되냐고, 보기 껄끄럽다고. '보기 싫으면 안 보면 그만 아닌가, 날 언팔하면 되는 거 아닌가?'라는 생각이 순간 들었다. 그러다 갑자기 '아, 보기 불편해서 안 보기 시작하면 결국 아무도 안 보겠구나, 그럼 내가 여기에 이런 링크를 공유하는 게 무슨 의미가 있나'라는 생각이 불현듯 뒤를 이었다. 그 뒤로 나는 페이스북을 아예 떠났다.

하지만 지금도 수많은 동물이 학대당하고 학살당하며 사람의 도움을 기다리고 있다. 이런 이야기들을 어떻게 해야 하는 걸까. 그 와중에 귀여운 짤이라고 돌아다니는 강아지, 고양이의 사진들이 마구 소비되는 걸 보면서, '과연 소셜미디어는 동물에게 무슨 도움이 되는 걸까, 도움이 되긴 하는 건가'라는 생각이 들기도 한다. 그럼에도 불구하고, 소셜미디어에 모여 동물 이야기를 하는 마음은 도대체 뭘까. 커뮤니케이션 미디어 전공이라는 전공 지식에 기대어 잠깐 그 이야기를 해보고자 한다.

리트윗의 마음

페이스북을 떠난 이후로 다시는 소셜미디어에 발을 들이지 않겠다고 다짐했으나, 2017년 트위터를 필두로 나는 결국 다시 소셜미디어의 세계에 발을 들였다. 미디어 문화를 공부하는 일의 특성 상, 각종 소셜미디어의 특성과 문화를 이해해야 한다는 게 명목상의 이유였다. 하지만 얼마 지나지 않아 나의 덕질과 사심을 위해서 부계정이 필요하단 사실을 자연스레 깨닫게 되었고, 결국 그런 용도를 위한 새 트위터 계정을 열었다. 어릴 때부터 동물권에 관심이 많았던지라 동물 이야기가 주로 올라오는 몇 개의 동물 계정을 팔로우했고, 바로 그 순간부터 내 트위터 피드는 각종 동물 이야기로 가득 차버렸다. 귀여운 강아지, 고양이 사진을 보는 즐거움도 잠시, 괴로움이 시작되었다. 가족을 찾는 수많은 고양이와 강아지, 버려진 동물, 안락사를 앞둔 보호소의 개, 구내염을 앓고 있는 길고양이의 이야기. 후원을 요청하는 글도 하루에 수십 개씩 보였다. '길을 가다 지나칠 수 없어서 구조하게 되었어요. 범백에 걸린 고양이가 살 수 있도록 도와주세요, ㅇㅇㅇ 은행 홍길동 123-456-789' 같은 글. 때론 학대당하는 동물에 대한 글도 종종 올라왔다. '당신이 입고 있는 앙고라 니트가 어떻게 만들어지는지 아시나요?' 혹은 '맛있는 치킨너겟을 위해서 태어나자마자 산 채로 믹서기에 갈려 나가는 병아리', '곰 농장을 탈출한 곰', '돼지열병으로 산 채로 매장당하는 수십만 마리 돼지의 실태'와 같은 글. 마주하기 싫은 현실이었다.

하지만, 10여 년간 채식을 할 정도로 동물권에 관심이 있다고 '자부하던' 나는 곧 그 모든 글을 공유하기 시작했다. 트위터는 리트윗(RT)이라는 기능을 통해 손쉽게 사용자가 타인의 트윗을 자기 계정에 공유하게끔 도와준다. 내가 공유한 이 트윗 글이 다른 사람에게 닿길 바라면서 리트윗하였다. 그리고 다른 이들도 그렇게 공유하길, 그 리트윗들이 다 모여 어느 천사에게 닿기를, 의사결정권자에게 닿기를, 변화가 만들어지기를 바라면서. 페이스북과 달리, 컨텐츠가 빠르게 공유되고 확산되는 바이럴 중심 트위터에선 내가 글을 공유하는 행위가 어떻게 타인에게 퍼져나가는지 쉽게 확인할 수 있다. 공유 수와 좋아요 수로 나의 파급력이 바로 확인되는 이 공간에서, 나는 리트윗을 멈출 수 없었다. 그건 내가 사회적 구성원으로서 동물권을 위해서 무언가 역할을 하고 있다는 증표처럼 보였다. 안락사 위기에 처한 강아지 소식이 리트윗 1,000개를 달성하고 나중에 가족을 찾았을 때, 내가 무언가 도움이 되었다는 그 뿌듯함은 마약과도 같았다. 난 계속해서 수많은 동물 소식을 리트윗했고, 사회에 도움이 되고 있다 믿었다. 리트윗하는 손은 기계적이었고, 리트윗하는 내용은 리트윗 버튼을 누르자마자 순식간에 기억에서 잊혀갔다. 내가 리트윗한 아이 소식이 안락사 소식으로 돌아오기 전까진. 그리고 깨닫게 되었다, 내가 하는 이 행위가 그렇게 큰 도움이 되지 않을 수도 있다는 걸. 안락사를 앞둔 강아지 소식을 수십 번 리트윗해도 안락사 전 가족이 나타나지 않는다면 내 리트윗은 아무 소용이 없다.

처음 트위터를 비롯한 소셜미디어가 소개되었을 때, 학계는 물론이거니와 많은 이들이 '공론장'이 개인의 손안에 펼쳐졌다고 환호했다. 사람들은 트위터를 통해서 정치에 대한 목소리를 내기도 하고, 자신의 상황에 관해 이야기하기도 하고, 사람들과 소통하며 정체성을 확립하기도 한다. 이른바 소셜미디어의 시대에서 이러한 일상 속 정치는 마치 당연한 것으로 보인다. 실제로 내 목소리가 누군가에게 '들린다', 내 목소리가 의사 결정에 반영이 된다는 건 소셜미디어가 얼마나 큰 정치적 파급력을 지닌 매체인지 보여준다.

하지만, 안타깝게도 목소리가 모여 움직임이 일어나기까지엔 많은 시간과 절차가 소요되고, 움직임이 일어나는 방식은 때때로 비합리적이고 비효율적이며 운에 좌지우지되기도 한다. 똑같은 안락사 위기에 처한 강아지의 사진이지만 어떤 아이는 리트윗 1,000개를 기록하기도, 어떤 아이는 리트윗 10개에 그치기도 한다. 그리고 그 숫자들은 아이의 생사에 영향을 주지 않는다, 어떤 누군가가 직접 행동에 나서서 아이를 입양하지 않는 이상. 그저 소셜미디어의 '주목 끌기' '바이럴' 생태계 속에서 내 목소리는 랜덤하게 도움이 되기도, 안되기도. 그럼 나는 리트윗을 멈춰야 하나? 딜레마다.

마케팅하는 마음

아마 동물권에 관심이 있는 사람 — 그러니깐 지금 이 글을 읽고 있는 사람 — 중엔 트위터나 인스타그램이나, 유튜브든 기타 소셜미디어에 아이 구조 글 혹은 동물권을 위한 행동 촉구에 관한 글을 올린 사람이 더러 있을 듯하다. 한 아이를 살려보겠다고 올리는 그 마음은 사람들에게 동요를 일으키고 채식과 같은 움직임을 일으키기도 한다. 하지만 안타깝게도 앞서 말했듯, 소셜미디어의 생태계는 마음만으로 움직이지 않는다. 모든 게 조회 수, 리트윗과 좋아요 개수 등의 수치로 판별되고 평가되는 수치 중심의 문화에선 모든 콘텐츠는 계량적으로 평가된다. 평점이 많은 밥집으로 사람들이 몰리듯, 조회 수가 높을수록, 리트윗이 많을수록, 팔로워가 많을수록 사람들의 시선을 끈다.

더 많은 시선을 끌수록 더 많은 돈을 움켜쥐게 되는 주목 경제 속에서, 구조하는 마음은 크게 상관이 없을지도 모르겠다. 오히려, 얼마나 이 사연이 '팔리나' 혹은 이 아이의 사진이 '팔리나'가 사람들의 관심을 결정짓게 한다. 너도 나도 콘텐츠를 만들어내고 인플루언서가 되는 소셜미디어에서 내 이야기가 '팔리기' 위해선, 결국 내 콘텐츠를 마케팅해야 한다. 동물 활동가들 사이에서 어떻게 내가 구조한 아이의 사연을 '팔리게 하나'의 원치 않는 마케팅 경쟁이 일어나게 되는 것이다.

마케팅은 구조한 강아지, 고양이에게 예쁜 옷을 입히고 각도와 조명을 치밀하게 계산해서 '예쁜' 사진을 찍는 행위를 수반하기도 한다. 때로는 '감성적인 사연'을 강조하는 게 먹히기도 한다. 바이럴이 되기 위해 약간의 억지가 섞인, 혹은 조회수를 위해 계산된 글을 올리는 방식 등으로, 소위 말하는 '어그로'를 끄는 경우도 있다. 요즘 유행하는 단어들을 사용해서 콘텐츠를 노출하는 거다. 주목을 끌수록, 내가 구조한 아이가 가족을 만날 확률이 높아지고, 내가 이야기하는 동물권 소식이 의사 결정자의 귀에 들어갈 확률이 높아진다. 진지하게 쓰면, 재밌지 않으면, 너무 '정치적으로' 쓰면 소셜미디어에선 사람들의 관심을 받을 수 없다. 내 콘텐츠로 남의 이목을 끌 수 없다면, 어떻게 아이 입양 홍보를 할 텐가? 어떻게 사람들에게 동물권에 대해서 관심을 갖게 할 텐가?

모든 것이 경제·자본·경영의 논리로 환원되어 해석되는 주목 경제 소셜미디어 환경에서 동물을 살리고 싶은 마음은 결국 어떻게 내 마음을 마케팅하느냐에 달리게 된다. 이 마음들을 '진실하지 않다'라고 비난할 텐가? 그것이 생태계의 원리이거늘. 남의 이목을 끌어야 하는 이곳에서 나는 얼마나 이 동물들을 전시하고 상품으로 포장해야 하는가? 이게 맞는 건가? 딜레마다.

감정노동을 겪는 마음

앞선 딜레마를 극복하고 소셜미디어에서 동물권에 대한 이야기를 계속하기로 했다면, 또 다른 장벽이 존재한다. 바로 감정 노동이다. 안타까운

동물의 소식이 여러 사람에게 닿기를 바라는 마음에 한 자 한 자 글을 더 쓰고, 리트윗을 하고, 개인 메시지(DM)를 보내고, 댓글을 달고, 댓글에 답하고. 하지만 모든 사람이 나와 같지 않듯이, 어디서든지 사람들을 괴롭히는 사람들도 있고, 이상한 사람들도 있고, 이해가 되지 않는 사람들도 있다. 악플은 비단 연예인에게만 해당하는 일이 아닌 지 오래되었다. 구조 글을 올리다 보면, 올린 고양이 사진이 이상하다고 시비를 거는 사람도 있고, 허위 사실을 유포하는 사람도 있고, 혹은 좋은 척 다가와서 이것저것 캐묻고는 결국 시간만 낭비하게 하는 사람도 있다.

동물을 위하는 마음은 사람이 아니라 동물에게 향하기에, 소셜미디어의 많은 동물 활동가들은 이러한 감정노동을 감내하며 소셜미디어 생활을 이어간다. 간혹 지나칠 경우엔 '동물을 왜 위하냐, 약자를 위할 바에야 다수의 이익을 위해 힘쓰라'라는 식의 비난과 협박 아닌 협박을 받기도 한다. 생각보다 우리 가까이에 있는 '법'이란 존재는 고소를 통해 우리의 존엄을 지킬 방법을 제안해주기도 하지만, 실제로 이에 드는 비용과 시간, 발품 ― 고소를 위해선 고소 대상자를 '특정'해야 하는 번거로움이 있다 ― 은 상당하다. 생업을 이어가며 그 와중에 잠시 잠깐 짬을 내어 동물 구조에 힘쓰는 이들에게 과연 이런 수고로운 법이 얼마나 도움이 되는지는 모르겠다. 실제 법이 동물권은 전혀 생각하고 있지 않은 현실을 차치하고라도 말이다.

그렇담 결국, 피곤한 이들을 상대하는 감정 노동은 오롯이 동물 활동가에게 전가된다. 이뿐만이 아니다. 내가 동물들을 위해서 잘 하고 있는 건가 하는 의심과 고민, 그리고 불확실성에 대한 두려움, 동물을 구조하며 느끼는 슬픔, 아무리 구조해도 공장식 축산·개고기 사육·유기동물에 대한 문제를 근본적으로 해결할 수 없다는 좌절감과 무력감 역시 동물권을 위해 애쓰는 사람들이 짊어져야 하는 수많은 감정의 짐들이다. 소셜미디어에서 동물권을 논의하는 과정은 이 모든 감정을 매 순간 맞닥뜨려야 하고 맞닥뜨린 뒤에도 문제는 해결되지 않고 있다는 무력감의 소용돌이가 계속된다는 것을 뜻한다. 역시 딜레마다.

그럼에도 불구하고

트위터를 연 지 벌써 4년이 지나가고 있다. 이런 짜증과 무력, 좌절감 등에도 불구하고 내가 계속해서 트위터 활동을 이어가는 이유는 무얼까. 물론 내 연구 주제이기 때문에 소셜미디어를 떠날 수 없다는 실질적인 이유도 있다. 혹은 귀여운 동물들 사진을 보고 싶다는 사심도 없지 않아 있긴 하다. 그럼에도 불구하고, 리트윗을 부단히도 매일 하는 이유는 단 하나의 희망 때문일지도 모른다. 비록 지금 당장 모든 것을 바꿀 순 없다손 치더라도, 언젠가는 바뀌겠지, 지금 이 아이는 내가 도와줄 수 있지 않을까 하는 희망.

몇 년 전 트위터에서 '쪽파까기'라는 단어를 보았다. 개인 혼자서 병들고 다친 동물들의 치료를 온전히 책임지기엔 돈이 부담스러울 경우가 많다. 하지만 한명 한명 쪽파를 까듯 천 원, 이천 원을 모으면 결국 큰돈이 모여 이 아이를 살릴 수 있으니 다 같이 쪽파를 까자는 귀엽고 사랑스러운 행위. 트위터의 리트윗 기능을 통해 그렇게 글들을 공유하는 이유는, 구조 글을 올리는 이유는, 사람들을 상대하는 이유는 결국, 내가 모든 걸 다 해결할 순 없지만 비슷한 목소리들이 모이면 하나하나 작게나마 해결할 수 있을 거라는 희망일 테다. 일상생활 속에서 잠시 짬을 내어 내 목소리를 통해서 동물의 이야기를 할 때, 그리고 그 목소리들이 모일 때, 결국 파도가 일 거라는 희망과 믿음. 이것이 당신이 소셜미디어를 떠날 수 없는 이유는 아닌가? 그렇다면, 혹시 믿는다면, 비록 기계적인 리트윗과 리그램일지라도, 혹은 아이의 귀여움과 사연을 파는 구조 글일지라도, 혹은 사람들의 취향에 맞게 글을 작성하는 중일지라도, 당신의 마음을 의심하지 말라. 멈추지 말고 일상에서 동물을 위한 당신의 정치를 이어 나가시라.

소셜미디어는 그러라고 있는 공간이다.

느슨하지만 견고한 연대의 (불)가능성

채은영

도시 공간에서 자본과 제도에 건강한 긴장 관계를 갖는
시각예술의 상상과 실천에 관심 많은 인터-로컬 큐레이터로
트랜스-로컬리티와 생태-정치를 주제로 리서치 기반 기획을
하는 '임시공간'과 인터-로컬 웹진 '동무비평 삼사'를 운영한다.
BTS의 빅팬인 남편과 고양이 채깡, 조선, 채정, 조범, 카오,
깜깜, 돌돌과 함께 살고 설이를 임시보호하고 있다.

얼마 전 청주에 있는 지역 농산물을 판매하면서 제로웨이스트를 지향하는 까페 지지구구에서 지역과 생태를 주제로 기획과 방법에 관한 작은 세미나를 진행했다. 카페냥이인 마루와 치타를 보니 청주에서 새로운 일을 시작하고 외근을 나갔던 초여름, 어쩌다 로드킬 직전 어린 고양이를 구해서 나의 첫째 고양이 깡이가 된 후 10여 년 냥덕 팔자가 시작된 게 생각났다. 그리고 구조자에서 보호자로, 고양이활동가로, 방관자로 다시 구조자와 임시보호자, 개인 활동가 사이를 오가는 과정에서 고양이 활동이 개인과 공동체, 인간과 비인간, 도시와 생태 사이에서 얼마나 (불)가능한 연대인지에 대해 지극히 개인적인 기억들로 이야기해보려 한다.

지극히 사적 연대의 표류

2013년 기초 자치 단체에서 동물복지 조례를 제정하고 주민센터에 길고양이 급식소 시범 사업을 할 때를 기억해 보면, 동물권(動物權, Animal rights)이란 말도 낯설었다. 오랜 기간 새벽이나 밤늦게 몰래 밥을 주거나 혐오하거나 반대하는 사람들과 싸우며 인내하던 활동이 적어도 공공 영역에서 가시화되면서 길고양이 활동이 단순 고양이 보호를 위한 캣맘들의 극성이 아닌, 지역 공동체와 연결될 수 있는 가능성이 시작되었다는 것에 매우 고무되었다. 열정적인 캣맘이 고양이를 사랑하는 마음으로 시간과 돈을 쏟는 희생과 진정성을 강요받거나 경쟁(?)하는 것에서 벗어나, 활동 기준과 체계를 만들고 역할을 나누기 위해 토론을 하며 미션을 공유하고, 제도와 관리 방법에 관한 세미나를 하고 문화예술과의 협업도 시도하고, 함께 구조하고 함께 울고 함께 즐거워했고 함께 분노했다. 규정을 만들고, 성명서를 쓰고, 토론회에 참여하고, 프로그램을 기획하고 실행하는 과정에 본업을 뒤로할 만큼 열심히 했던 이유를 다시 곰곰이 생각해 보니, 지역 공동체와 생태 관련 실천 중에 인간과 비인간이 연결될 수 있고, 젠더, 계층, 도시, 공간 등의 문제가 촘촘히 연결되어 있다고 생각했던 것 같다.

연대는 위기의 순간에 그 실체가 드러난다. 재건축 예정 단지에서 길고양이에 대해 몇 해 전부터 준비를 했다고 생각했지만 변수가 많았고, 이주가 가까워지면서 여러 문제와 의견들이 생겼다. 누가 옳고 그른가의 문제보단 문제를 제기하고 토론하고 해결하는 방식은 처참했고 이제까지의 과정을 무력화시켰다. 외적으로는 대부분 정치적이고 제도적 해결의 권한을 가진 자들은 아이러니하게 남자들이었고, 우리 고양이들을 위해 무엇이라도 할 사람들은 캣맘들이었다. (개인적으로는 이런 상황이 제일 불편하고 불쾌했다.) 내적으로는 좋을 땐 예술가의 글발과 말발이 필요했지만, 문제 제기와 해결에선 불화 조장과 무용(無用)의 잘난 척에 불과했다. 길고양이가 아니라 내 새끼로 호명되었고, 모성이 담긴 희생과 진정성 경쟁으로 캣맘 사이에 위계 권력이 생겼다. 의견이 다르다는 이유로 SNS 단톡방에서 조리돌림을 하는 것도 모자라, 당번제였던 길고양이 밥 주기에서 해당 밥자리에만 밥을 주지 않는 상황에서 인간적 배신감과 모멸감으로 밥자리 붙박이 5마리를 구조하고 그 동네를, 그 모임을 떠났다. 남아서 온몸으로 온 정신으로 감내하는 몇몇 사람들과도 거리를 두었다. 그렇게 나는 다시 방관자가 되었다.

그럼에도 불구하고, 5여 년간 연대의 시행착오는 시민으로서의 예술가, 예술가로서의 시민에서 성찰과 성장의 계기를 주었다. 표준 가족 기준에서 벗어났지만 내가 사는 동네에 무언가 관계를 맺으며 정주하고 싶다는 마음을 갖고, 예술가가 지역 공동체와 생태를 위해 무엇인가 할 수 있다는 효용성과 함께 문제의식을 가질 수 있다는 것은 예술지향 미술충이었던 필자에겐 전혀 다른 세계가 열린 것이었다. 그 이후로 좀 더 생태 -정치 관련 연구와 기획을 했고, 애정하는 작업 중 하나인 〈개항장 고양이 문화생태 지도〉(2017)은 이전 연대에서의 작업 〈투어맵 : 동네고양이〉(2015)이 시작이었다. 당시 고양이를 대상으로 제한하는 '길고양이' 대신 관계를 강조하는 '동네고양이'로, 여성의 희생적 돌봄을 강조하는 '캣맘'에서 시민적 역할을 강조하는 '고양이활동가'를 사용했다. 첫째를 제외하고, 불법 TNR(둘째), 유기(셋째), 무분별한 냥줍과 파양(넷째)으로 가족이 늘었고, 밥자리 냥이 5마리 중 2마리는 고양이 별로 가고, 3마리는 함께 살고 있는데, 모두 그 연대와 그 지역과 관련되어 있다.

느슨하지만 견고한,

지극히 사적 기억의 나열은 '내가 해봤어'식의 자랑이 아니라, 당시 연대가 왜 실패할 수밖에 없었는지를 되돌아보기 위한 밑밥이다. 2010년대

초반만 해도, 여전히 고양이 활동은 희생정신이 강한 캣맘의 개인플레이에 치중될 수밖에 없었다. 내가 경험했던 커뮤니티로만 한정하면, 압도적으로 성별로는 여성, 연령층으로는 50대 이상이 많아 고양이 활동을 여성 돌봄, 모성 등과 연결하는 것이 자연스러웠다. 길고양이에 관한 선입견과 혐오가 더 심할 시기라 멸시와 수모를 참으며 싸우며 현장에서 익힌 경험과 관계가 우선적이었고, 들인 시간과 돈의 짬밥 앞에서 입을 닫아야 했다. 무엇보다 사회운동, 지역 공동체 운동으로서 공공성의 의미를 공유하고 확장하는 데 한계가 있었다. 단순히 직장이나 사회 경험의 유무가 아니라, 고양이에만 집중된 활동이 고양이를 둘러싼 여러 사회적, 생태적 관계를 통시적으로 합리적으로 이해하며 고양이 활동을 재조직하고 재구성하는 경험과 방법을 몰랐던 것은 아닐까.

동물 보호 활동을 하는 건 이성보단 감정과 정서에 치우치게 마련이다. SNS에는 하루에도 수십 건씩 안락사나 처참하고 위급한 상황에 있는 동물들의 사진으로 넘쳐난다. 한 번 보고 나면 그 잔상이 너무 오래 남기도 하지만, '귀염뽀짝'한 동물의 이미지를 소비하는 구조와 얼마나 다른지 질문이 생긴다. 그런 이미지를 올려야 사람들이 분노하고, 공유해주고, 후원해주고, 참여해줄 거라는 절박함과 긴급함은 충분히 이해하지만, 그런 생각을 한다. 만약 이 사진에서 개나 고양이가 아니라, 사람이라면 어떨까. 빈곤 마케팅이나 빈곤 포르노라는 말이 있듯이, 인간과 비인간의 관계적이고 수평적인 세계관과 그 관계의 취약성과 애매모호함을 이야기하지만 여전히 동물은 인간이 보호해야 한다는 위계적인 사고가 있진 않은지, 납작하고 평평한 SNS 세계에서 취약한 동물의 상황을 더 납작하고 평평하게 하고 있는 건 아닌지. 이러한 재현과 생산이 어떤 관계와 연대를 만들고 있는지 좀 더 냉정하게 바라봐야 한다.

상황주의 인터내셔널(Situationist International)[1]에 빠져서 스펙터클 도시에서의 대안과 실천으로 표류, 심리지도, 통합, 변환 사이를 상상했을 때 문득 '느슨하지만 견고한 연대'를 생각했다. 지역과 공동체 관계에서 기존 사회 참여 예술의 전형에서 벗어나 새로운 감수성으로서 개인과 개별성과 공

1   상황주의 인터내셔널 1957년 레트리스트 인터내셔널 (Lettrist International)과 이미지주의 바우하우스 운동(Movement for an Imaginist Bauhaus)이 결합된 아방가르드 운동. 소비 자본주의에 대항하기 위해, 표류(derive), 전환(detournement), 심리지리(psychogeography), 통합적 도시주의(unitary urbanism)를 강조했고 1972년에 해산했다.

동성을 동시에 갖는 다중(多衆, multitude)이 여기에 해당될 것이다. 기존 공동체 운동이 동일한 목적의식과 이익을 위한 단합을 강조한다면, 돌봄의 착한 봉사자나 희생적인 엄마가 아니라, 동네 주민이자 시민으로서의 지역 생태 여러 비인간의 이웃으로의 책임으로 변환할 때 도시는 인간과 고양이만 공존하는 장소가 아니라 비로소 인간과 비인간이 공명하는 장소가 될 것이다. 그것을 위해서 소수의 희생과 책임을 강요하고 그걸 추종하고 위계를 주는 방식에서 개인 활동가의 개별성과 감수성을 존중하는 느슨함과 동시에 시민으로서 지역과 공동체에 관한 공동의 책임과 실천을 지속적으로 지향하고 모색하는 견고함이 연결되어야 가능하다.

동네에서 고양이와 관계 맺는 인간에는 여러 유형이 있다. 동네고양이를 내 새끼로 부르며 희생과 선행을 투쟁적으로 하기도 하고, 동네고양이를 챙기면서 스스로가 착한 사람이라 만족하기도 하고, 자연의 일부니깐 개입하지 말아야 하기도 하고, 자신의 일상과 생업에 방해가 된다고 혐오하고 학대하기도 하고, 누구는 유기하고 학대하고 누구는 구조하고 책임지는 개미지옥을 반복하기도 하는 다층적이고 복잡한 선입견, 로망, 욕망, 이해관계가 얽혀 있다. 이러한 지역 공동체의 인간 구성원 개개인에게 고양이 활동이 얼마나 유의미하게 다가갈 수 있을지에 보다 넓게 섬세하게 느리게 접근하려면 이제껏 이야기한 관계로서 느슨함과 주체로서 견고함 사이에 건강한 긴장을 만드는 '자기 - 조직화(Self-Organization)'가 필요하다.

연대의 (불)가능성

그러한 느슨하지만, 견고한 연대를 상상할 때 그 연대의 가능성과 불가능성은 책임과 지속성으로 이야기할 수 있을 듯하다. 무엇보다 고양이 활동에서 책임 문제는 여전히 복잡하고 어렵다. 고양이 활동이 사적 만족이나 사적 감정을 위한 부분이 아니라 지역 공동체 생태 운동의 공공적 영역과 연결되어 있다면, 이 부분에서 공공 제도와 체계 안에 포섭된다. 순진하게 지자체에서 길고양이 급식소 자리를 마련해주면, 희생적이고 열성적인 봉사자로 돈과 시간을 들여 활동하지만 구조적 문제에 대해선 작은 의사결정 권한이나 발언권도 없다. 캣맘의 요구를 못 배우고 극성스러운 중년 여자들의 이전투구

정도로 여기며 가르침을 주거나 병풍 취급했던 시기를 지나면서, 공공 제도를 이해하고 관계 맺는 부분에서도 전환이 필요하다는 것도 알게 된다. 개인에게 오롯이 짐 지우지 않고, 공공의 권력에 포섭되지 않을 연대는 어떻게 가능할까. 이제껏 고양이 활동에서 개인의 책임과 공공의 책임 사이의 재정의와 재구성이 있어야 하고, 그것에 대한 고양이활동가와 시민들의 책임에 대한 공통된 감수성과 동의가 전제되어야 한다. 단순히 고양이를 타자화하거나 대상화하지 않고, 우리의 책임을 선행이나 극성으로 균질화하지 않을….

기계적으로 1/n으로 책임을 나눌 수 없지만, 고양이 활동에서 '책임'을 다하면서 생기는 권리의 문제가 있다. 애초에 지역의 일부였던 동네고양이는 누군가의 보살핌 속에서 내 새끼가 되며 책임이 권리가 된다. 다른 누군가가 참여하는 순간 개입이 되고 분쟁이 되기도 한다. 자식처럼 아끼고 보살피고 책임지는 관계가 아니라, 스스로 남에게 착한 사람이라는 만족과 이미지를 위한 대상화된 관계가 아니라, 지역 생태계의 일원인 동네고양이가 안전하고 행복하게 생로병사를 할 수 있도록 함께 하는 관계에서의 책임과 권리는 불가능한가. 구조와 임시보호, 입양, 파양, 유기 등의 악순환에서 '착한' 구조와 '순수한' 책임을 강요하는 '일방적' 권리는 어디에서 나오는가. 언젠가 구술사 연구를 하시는 분과 이야기하면서, 정말 기회가 생긴다면 캣맘 구술 생애사를 연구하면 사회문화적으로 흥미로운 연구가 되지 않을까 싶다고 이야기한 적이 있다.

굳이 어떤 활동을 지속해야 한다고 생각하진 않는다. 지속성을 위한 자기 동력을 갖는다는 것이 얼마나 어렵고 힘든 일인가. 그럼에도 고양이 활동이 머무르지 않고, 이웃에게, 동료에게, 사회에, 세계에 광활하고 섬세하게 진동하기 위한 지속성은 어떻게 만들 수 있을까. 시행착오를 돌아보면 조급한 마음에 '작지만 확실한 성공'에 대해 인식하지 못했던 거 같다. 불과 6~7년 사이에 동물복지, 동물권, 비건, 기후 위기, 생태운동에 관한 인식의 지평 자체가 달라졌다. 하지만 당시에는 그런 것들을 너무 더디다고 생각했고, 우리가 하는 일들이 작고 힘없다고 불안해했다. 지금 여기에 함께하며 시행착오 속에서 만들어가는 것도 시간이 지나 깊고 넓은 자산이 될 수 있을 거라 생각하지 못했다.

앞서 말한 것처럼 이후 생태-정치와 관련된 연구와 활동, 삶의 변화는 이미 그때부터 시작하고 있었다.

작지만 확실한 성공에는 활동의 크레딧이나 성과 문제도 있다. 공공 조직을 만들거나 운영한 경험의 부족으로 작든 크든 많은 사람들의 시간과 노력으로 가능했던 일들이 추진력 있는 몇몇 사람의 희생과 노력으로 대표되고, 상징권력이 생기고 불화가 생기는 과정에서 많은 사람이 상처를 입었고 떠났다. 관련 문화예술 프로젝트도 과거지향적 장소성과 폐쇄적 공동체에 대한 비평은 감히 할 수 없이 수고했다는 인삿말과 과잉된 의미화로 공회전하기도 했다. 결코 한 사람의 희생과 노력으로 할 수 없는 일이라는 걸 우리는 너무나 잘 알고 있다. 단순히 동물을 보호하는 운동이 아니라, 보이지 않는, 목소리가 없는, 몫이 없는 존재를 위한 활동이 세계를 좀 더 건강하고 섬세하게 하는 급진적이고 실험적인 일임에도 불구하고 내부 구조와 과정은 기존 방식을 그대로 답습하기도 했다. 고양이를 싫어하는 사람들이 문제가 아니라, 좋아하고 활동하는 사람들 안에서 성찰과 전회가 필요하지만 그 내용과 과정은 여전히 전형적이고 계몽적이다. 불쌍하고 위급한 고양이와 귀염심쿵한 고양이가 서로 교차하고 경쟁하듯 재현되고 소비되는 고양이는 납작하게 SNS 피드를 미끄러지고 기의[2]를 잃은 채 부유한다.

냉담한 방관자로 떠나왔지만, 고양이 관련한 관심과 기획을 놓지 못하고 있고, 사무실 근처에 유기된 고양이를 구조해서 입양을 보내고, 이사한 공간에서 다시 밥자리를 만들고 다친 고양이를 구조해 치료하고 방사했다. (이때 10여년 만에 처음 SNS로 개인 후원 모금을 했다) 스텝들 사이에 '고등어 맛집'이란 이름을 붙일 만큼 동네 고등어무늬 고양이 대여섯 마리로 북적였는데, 며칠 전 3~4일 사이에 두 마리가 로드킬을 당했고 고양이활동가 팔자(?)답게 먼저 발견해 참담한 마음으로 수습을 했다. 지금 공간을 얼마나 운영할지 불확실하고, 이전 연대의 실패 기억으로 개인 차원에서 활동하는 것으로 만족했는데, 최근 사건을 겪으며 역시 한두 사람이 할 수 없는 일이라는 걸 다시 한 번 확인했지만, 그러한 느슨하고 견고한 연대가 지금, 여기에 어떻게 가능할지는 아직 모르겠다. 그럼에도 불구하고 여전히 예기치 못한 무엇을 기다리고 있긴 하다.

2   기의 記意, signifie 기호학자 소쉬르는 기호(記號, signe 를 기표(記標, signifiant)는 기호가 나타나는 물리적 형태를, 기의(記意, signifie)는 기호의 개념이나 의미로 구분했다. 포스트모던 철학자인 보드리야르는 소비사회에서 기표가 기의를 압도하는 초실재로서 원본없는 이미지 시뮬라크르simulacre를 이야기한다.

설이

예뻐해달라 냥냥거리는 애교쟁이지만
조금은 서툴고 조심스러워 하는 성격 다른
고양이와도 잘 어울리는 착한 고양이
2020년 7월 집중호우와 장마로
새끼 4마리 중 3마리를 잃고
새끼 1마리와 함께 구조

2살 6개월 (추정) 암컷
중성화 완료
접종 1차 완료
사시이나 시력 문제 없음

입양문의
instagram @spaceimsi

우리는 없던 길도 만들지
코로나 시대에 86,255명과 행진하기

김헵시바
고등학교를 졸업한 해 11월, 닷페이스의 디자이너가 되었다.
온라인퀴퍼 〈우리는 없던 길도 만들지〉를 이끌고 디자인했다.
현재는 자유와 배움을 찾아 대학교 21학번 생활을 하고 있다.
hepzibakim@gmail.com
instagram @hepzzzzi, @hepzi.works

"썸머, 곧 프라이드의 달인 6월인데 퀴퍼(퀴어 퍼레이드) 없는 6월이 말이 되나요? 온라인 퀴퍼라도 열렸으면 좋겠다."

"오. 나이키 에어맥스 줄 서기처럼요?"

"네, 재밌을 것 같지 않아요?"

"그러면 우리가 하면 되지. 헵찌가 리드해 볼래요?"

13일 만에 86,225명이 참여한 온라인 퀴퍼, 〈우리는 없던 길도 만들지〉는 동료이자 닷페이스 대표인 썸머와의 대화에서 시작됐다. 지금 생각해 보면 상상을 실현으로 옮겨준 썸머의 힘이 놀랍지만, 그때는 걱정이 앞섰다. 내가 별생각 없이 던진 말이 일이 되었구나! 지금 하는 캠페인만으로도 바쁜데. 그런 걱정을 눌러줬던 것은 다름 아닌 이태원 코로나 사태였다. 5월 초였던 당시 이태원에서 코로나19 확진자가 발생한 이후 일부 언론에서는 퀴어 혐오적인 보도가 쏟아져 나왔다. 나처럼 상처를 받았을 퀴어 친구들에 대한 걱정이 컸다. 이럴 때일수록 퀴어들에게 서로 힘을 주는 경험이 필요하다고 생각했다. 진행에 속도를 붙이기로 했다. 6월이 얼마 남지 않았으니까.

퀴어들에게 힘을 주기 위해서 온라인 퀴퍼에 길게 늘어선 행렬을 통해 '당신의 곁에 당신을 지지하는 사람들이 있다.'라는 메시지를 주고 싶었다. 그러려면 처음 떠올린 나이키 에어맥스 줄 서기와 같이 인스타그램에 해시태그를 달아 행진 이미지를 온라인상에 올리는 방식이 제격이었다. 사진을 올리는 개인 피드에서는 각자의 신념과 정체성을 주변에 표현하는 경험을, 같은 해시태그가 모이는 피드에서는 다 같이 모여 서로에게 용기를 주는 경험을 줄 수 있겠다고 생각했다.

인스타그램 해시태그 방식을 쓰려면 인스타그램에 올릴 이미지가 필요했다. 단일하지 않고 다양한 모습의 퀴어의 모습을 보여주기 위해 커스텀 캐릭터를 만들 수 있는 웹사이트를 만들기로 했다. 우리가 상상한 긴 행렬을 완성하기 위해서는 참여자가 많아야 했다. 참여자가 많아지려면 참여 장벽이 낮아야 했다. 장벽을 낮추기 위해 행진에 참여하는 경험만큼 캐릭터를 만드는 경험에서도 재미를 느낄 수 있게 하기로 했다. UX(User Experience) 초기 기획을 담당한 동료 헴이 '겟 레디 위드 미(Get Ready With Me)' 콘셉트를 제안했다. '오늘은 퀴퍼 가는 날. 우리 같이 준비해요!'라는 말을 시작으로 매 단계에 리액션을 넣고 참여자가 처음 입력한 닉네임을 계속 부르며 참여자들과 친밀감을 형성하려고 했다.

캐릭터 디자인_최종.ai가 나오기까지

매력적인 콘셉트가 준비되었으니, 그에 맞는 디자인이 필요했다. 구체적 의도를 세우고 디자인하기보다 디자인을 일단 해보면서 의도를 잡는 습관이 있다. 일러스트레이터를 켰다. 최소한의 세 가지 기준을 잡고 디자인을 시작했다. 참여자들에게 배제되지 않는 경험을 줄 것, 시각적으로 재미가 있을 것, 닷페이스의 BI가 적용될 것.

'퀴어'라는 단어가 '기묘한, 괴상한'이라는 기존 단어의 뜻을 전복했다는 점에서 외계인 캐릭터를 떠올렸다. 영화 〈록키 호러 픽쳐 쇼〉의 노래처럼 기묘한 생명체들이 행진하는 모습, 색색의 퀴어 플래그로 자신의 정체성을 표현하는 모습이 재미있을 것 같았다. 시안이 마음에 들었던 나는 신나는 마음으로 전체 회의에서 피드백을 요청했다. 그러나 동료 더기의 결정적인 피드백으로 이 외계인들은 폴더 속으로 들어가게 되었다.

"헵찌, 사람들이 참여를 많이 하려면 캐릭터에 자신을 대입할 수 있어야 하는데 이 외계인 캐릭터로는 그런 느낌을 주기 어려워 보여요. 그리고 요구르트 광고 속 유산균 느낌이 들 것 같아요. 캐릭터의 매력이 이 이벤트의 성패를 결정할 텐데 좀 더 고민해 보면 좋겠어요."

이 피드백을 인정하지 않을 수 없었고 특히 유산균 같다는 말을 부정할 수 없었다. 다시 작업에 들어갔다. '사람들이 자기를 대입할 수 있어야 한다'라는 기준을 세우다 보니, 길거리에서 많이 볼 수 있는 헤어스타일, 옷 같은 걸 참고하게 되었다. 그러다 보니 시각적 재미가 사라졌고, 닷페이스의 BI도 많이 지워졌다. 그때 개발과 UI/UX 디자인을 맡아준 스투키 스튜디오에 조언을 구했다.

"헤어나 의상 실루엣, 팔 동작이 다양하면 좋겠어요. 색깔과 채도를 완전히 쨍한 느낌으로 하면 어떨까요? 사람들은 퀴퍼에서 평소에 못 해본 헤어스타일, 옷차림을 하고 싶을 거예요."

황금 같은 피드백이 쏟아졌고 '평소에 못 해본 차림'이라는 기준이 새로 추가되었다. 이전에는 길거리의 사람들을 상상하며 디자인을 했다면, 이 피드백 이후에는 '퀴퍼에서 볼 수 있는 사람들'을 상상하며 작업을 했다. 결과적으로 나온 디자인은 정말 마음에 들었다. 시각적 재미는 해결이 되었으나 어떻게 해야 참여자들에게 배제되지 않는 경험을 줄지 고민이 되었다. 신기하게도 이 고민을 하면서 시각적 재미를 더 많이 줄 수 있었다. 이를테면 여성형, 남성형을 딱 구분할 수 없는 헤어스타일을 고민하다 보니 분수 머리, 불꽃 머리 같은 재미있는 헤어스타일을 만들 수 있었다. 옷을 그릴 때도 성별을 이분법적으로 나누지 않다 보니, 홀터넥과 한복 바지, 저고리와 그물 스타킹 같은 재미있는 조합이 많이 나왔다.

지주디 님, 해보고 싶었던 머리 스타일 있으신가요?

외똥머리　양똥머리　투블럭

포마드 머리　번개 머리　물결 머리

불꽃 머리　분수 머리　하트 머리

이걸로 할래요

반대로 시각적 재미를 위해 '아예 사람 피부색이 아닌 색을 피부에 입히자'라고 결정했더니 이모지, 레고 등에서 인종 중립적으로 쓰이는 샛노란 색을 선택할 수 있었다. 인권에 관해 이야기할 때 자주 쓰이는 '상상력'이라는 단어의 의미와 디자인에서 쓰이는 '상상력'이라는 단어가 어쩌면 같은 것을 향할 수도 있겠다는 배움을 얻었다. '정치적으로 너무 올바른 결과물이 나와서 재미가 없으면 어떡하지?'라는 우려를 꺾어주는 배움이었다.

오픈을 했다고 최종이 아니야

만반의 준비를 거쳐 오픈 날이 되었다. 그날 저녁, 팀원들이 "일 안하고 이것만 보고 싶어요."라고 했던 것이 기억에 남는다. 예상한 참여 인원을 훨씬 뛰어넘기도 했고, 우리의 눈을 사로잡는 참여자가 정말 많았기 때문이다. 오프라인에서 볼 수 없었던 참여자들의 반려 고양이, 강아지, 고슴도치가 빈 도로 위를 행진하고 있었고 영화 〈아가씨〉의 숙희와 히데코를 직접 그린 참여자도 있었다. 또 여러 아티스트가 근사한 그림으로 참여해 주었는데, 특히 퀴어 만화가 변천 님의 그림을 봤을 때는 정말 광장에 온 기분이었다. 매년 서울 퀴퍼의 개막식을 열어주었던 퀴어 풍물패 '바람소리로 담근 술'과 퀴어문화축제를 기록해온 사진가 김민수 님을 그려주셨다. 그리고 나를 많이 웃게 했던 참여자들도 있었는데, 해시태그만 단 채로 물 마시고 가라며 생수병, 요기하고 가라며 뻥튀기, 퀴퍼에 '본 디스 웨이' 빠질 수 없다고 레이디 가가의 앨범 사진을 올린 분들이었다. 한정된 옵션 안에서 조합을 선택해야 하는 특성상 '퀴퍼처럼 각자의 다양한 모습으로 참여하는 게 가능할까?'라는 걱정이 들었는데 역시 참여자들의 상상력은 나를 뛰어넘었다.

오픈 후 참여자들의 피드백도 많이 있었다. 도움이 됐던 여러 피드백이 있었지만, 가장 기억에 남는 건 전맹 시각장애인을 위한 대체 텍스트를 추가해 달라는 요청이었다. 스투키 스튜디오에서도 문제에 크게 공감해 주셔서 바로 작업에 들어갔다. 이후에 어떤 정보를 제공할 때는 접근성을 꼭 체크해야 한다는 기준이 생겼고 2021년 3월 온라인 연대 행렬과 2021년 6월 온라인 퀴퍼에서는 대체 텍스트 가이드와 복사 기능까지 갖춰진 웹사이트를 오픈했다.

어떻게 우리가 모일 수 있었냐면

닷페이스에서 4명, 스투키에서 2명, 총 6명의 팀원. 한 달이 조금 넘는 작업 기간과 13일간의 오픈 기간. 작업이 힘들지 않았다면 거짓말이다. 이런 형식의 캠페인을 해보는 것도 닷페이스로서는 처음이었기에 많은 사람이 참여할 거라는 확신도 없었다. 하지만 준비를 하는 내내 동력을 잃은 적이 단한 번도 없었다. 처음부터 '큰 규모의 온라인 캠페인을 해서 8만 명 정도의 사람을 모으자'라는 목적으로 캠페인을 시작했더라면 그랬을지도 모르지만, 퀴어 퍼레이드에 대한 그리움에서부터 기획을 시작했기 때문에 매 순간을 즐겁게 일할 수 있었다. 닷페이스가 퀴어들의 이야기를 오랫동안 전해왔기 때문에 신뢰를 기반으로 일을 시작할 수 있었고, 퀴어 퍼레이드에 오래 참여해왔기 때문에 퀴어 퍼레이드만의 재미와 의미를 이해하고 이 경험을 설계할 수 있었다. 감사하게도 그것들이 모여 기대 이상의 멋진 행렬을 확인할 수 있었다. 그리고 행렬을 보고 나는 퀴어 퍼레이드를 반짝이게 했던 게 광장이 아니라 그곳을 채운 사람들이었다는 걸 다시 떠올렸다. 이 글을 읽는 분도 비슷한 일을 기획하고 있다면 어떤 이들을 모이게 하고 싶은지, 코로나 이전에 우리가 어떤 경험을 공유했고 그 감정을 어떻게 다시 재현할 수 있을지 질문하는 것에서부터 시작해 보시면 좋겠다. 사실 우리가 만든 '없던 길'은 오래전부터 이어져 온 길일지도 모른다.

개항장 고양이

photo by Holi

냥이급식소

누수촉 고양이

우는 고양이

차이나타운 인근
중국집 앞에서
만난 갈색 고등어 냥이

지나가다가 본
차 밑에서
식빵 굽는 젖소냥이

중구청 앞에서 살다가 갑자기
사라진 새끼고양이 (1)

쿠쿠의 배다른 형제들

캣퍼슨 편집국에서 구조한
쿠쿠와 다스
(입양완료)

꽃집 사장님이 만들어주신
고양이 급식소

낭이급식소

개항장 고양이

담 넘다가 눈이 딱 마주친
갈색 올 고등어 고양이

탐구생활은 동인천 개항장 일대 주변을
오가는 동안 보이는 고양이들에 주목하게
되었습니다. 그렇게 관찰한 고양이들을
주변 동네고양이들을 손으로 빚었습니다.
고양이들을 관찰하다 보니 특정한 곳에서
보이다가도 어느 순간 없어져 버리는
경우가 많은 것을 알게 되었습니다.
이번 작업으로 기억 속 동네고양이들을
다시 개항장으로 불러오는 듯한 느낌이
들어 괜히 반가웠습니다.

쿠쿠 엄마 고양이
일식집 앞에서 기다렸다가
연어를 잘 얻어 먹는다.

인쇄소 앞에서 식빵 굽는 고양이

중구청 앞에서 살다가 갑자기
사라진 새끼고양이 (2)

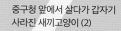

탐구생활

탐구생활은 인천지역을 기반으로 일상을 탐구하고 영감을 받아 이를 해학적 이야기와 외형으로 표현하
는 작가 유재윤과 인천지역 청소년들의 지역 기반 예술적 경험을 위한 교육 프로그램을 기획하는 교육
기획자 조은비로 구성된 그룹입니다. 동인천에 탐구생활 거점공간을 기반으로 주변 일상의 탐구, 그를
통한 창작, 그리고 창작의 과정과 즐거움을 다양한 방식으로 공유할 수 있는 방법을 워크숍과 클래스의
형태로 기획하고 있습니다.

instagram @yoojaeyoojae

의존적 존재들의 연대

미안해하지 않기, 고마워하기

무무

책을 좋아합니다.

요즘은 장애학과 동물권, 환경에 대한

책을 모으고 있어요.

instagram @sapsareefamily

미안해하기 선수와 행복한 돌봄 활동

너 이제 '미안해'라는 말 하면 벌칙이야, 고맙다는 말만 해!

미안해하기 선수인 나는 선의를 받으면 고마우면서도 마음 한쪽이 불편했다. 내 선의를 받은 사람은 미안해하기보단 고마워하기만 했으면 좋겠으면서. 이상한 자존심이었다. 나 혼자 해보리다, 나는 괜찮다, 잘 살아보겠다⋯. 하지만 잘 살지 못했다. 큰소리치다가 세상에 혼쭐나고 주변의 도움을 받으며 살아왔다. 그날도 그렇게 친구에게 도움을 받고 고맙고 미안해서 의기소침해 있었을 거다. '미안해'라고 말하면 친구의 소원을 들어주기로 했던가, 그 후로 미안하다는 말의 자리에 고맙다는 말을 채워 넣는 일이 많아졌다.

미안해하지 않기, 고마워하기 운동은 올해 여름 강아지 돌봄 활동을 시작하면서 위기를 맞이했다. 이사 갈 아파트의 화단에 떠돌이 삽살개가 아기를 낳으면서 얼떨결에 들어온 돌봄 활동의 세계에서 나 또한 아기가 된 것 같았다. 모든 것이 새롭고 할 줄 아는 것은 없었다. 그런데 이 세계는 원래 이렇게 따뜻한가. 삽살이 가족이 보호소로 갈 위기에 처했을 때 매거진 탁! 동료의 지인분께서 가족 전체를 임시보호해 주겠다고 하셨고, 나의 고딕체처럼 딱딱한 구구절절 입양홍보에도 불구하고 동료들과 SNS 활동가들의 도움 덕분에 세상 여기저기에 꼬물이들의 매력을 전할 수 있었다. 그렇게 많은 사람이 힘을 합쳐주어 다섯 꼬물이 모두 좋은 가정에 입양 갈 수 있었다. 행복한 돌봄 활동이었다. 행복한 만큼 미안한 마음이 스멀스멀 피어올랐지만.

의존 공포증

　돌봄 활동의 전 과정에서 구조자로서 돌보는 역할을 맡았음에도 오히려 돌봄 받고 있는 것 같은 느낌이었다. 물론 다들 강아지를 위하는 마음으로 도와준 것이겠지만 내 역량 부족으로 강아지, 임보자님과 주변 사람을 고생시켰다는 생각이 들었다. 제보만 하고 책임은 떠넘겨버리는 사람들과 나는 얼마나 다른가? 아찔했고, 묵묵히 구조부터 입양까지 하시는 베테랑 구조자들과는 얼마나 다른가. 부끄러웠다. 난 정말 의존적인 구조자였다.

의존을 부끄러이 여기는 태도는 돌봄 노동 현장에서 중요하게 논의되어왔다. 장애인, 노인, 동물 등 주로 돌봄을 받는다고 간주되는 존재에 있어서, 의존에 대한 이해는 그들 존재의 존엄성과 직결되어 있기 때문이다. 의존을 벗어나야 하는 상태이자 독립을 성취해야 할 이상향으로 보는 세상에서 타인의 돌봄에 의존해야 하는 존재는 곧 '짐'과 같은 존재로 간주된다. 그들이 돌봄을 받는다는 사실로 그들을 착취하거나 권리를 침해하는 것을 정당화하기도 했다. 의존이 곧 존엄성에 대한 '모욕'이 되어왔던 세상에서 그 누구도 '의존적' 존재가 되는 것을 두려워할 수밖에 없다.[1]

그러나 의존하지 않고 독립적으로 살 수 있는 존재는 없다. 보통 의존적이라고 불리지 않는 사람들도 국가에서 제공하는 전기와 회사에서 판매하는 인터넷 네트워크 서비스, 제3세계 노동자가 만든 옷, 개발자가 만든 웹 서비스 등에 의존하고 있을 것이다. 어떤 의존은 '의존'이라고 불리지 않아 모를 뿐, 우리는 모두 서로에게 의존하며 산다. 오히려 독립적인 삶은 의존을 통해 얻어진다고도 말할 수 있다. 그러므로 의존을 독립과 반대되는 벗어나야 할 상태가 아니라 삶에서 필수 불가결한 것으로 본다면, 의존에 얽혀있는 모욕의 굴레를 풀고 의존성을 긍정할 수 있다면, 우리는 서로 어떻게 더 잘 돌봄을 주고받을 수 있는지 고민할 수 있게 될 것이다.[2]

[1] 수나우라 테일러, 〈종과 능력을 벗어나는 돌봄에 관하여〉, 《짐을 끄는 짐승들》, 이마즈 유리 옮김(파주: 오월의 봄, 2020), 344~364.

[2] 전희경, 〈시민으로서 돌보고 돌봄받기〉, 《새벽 세시의 몸들에게》, (서울: 봄날의 책, 2020), 27~80.

단이가 연대하는 법

삽살이가족의 모견 단이는 잘 의존하는 법을 아는 것 같다. 단이는 나와 만나기 전부터 동네 사람들과 연대를 조직해왔다. 개발이 시작되기 전 원주민이 개발 보상금을 받고 이사 가면서 유기된 아기 강아지 단이는 자기가 살던 땅에 아파트가 올라가는 동안 건설노동자들과 친해져서 함바[3]에서 챙겨주는 밥을 먹으며 성장하였다. 그렇게 단이는 아파트 공사장을 드나들었고 경비원과도 친해져서 함께 경비 일을 보곤 했다. 단이가 임신하자 경비원은 아파트 화단에 개집을 사놓았고, 단이는 개집 아래에 땅을 파서 출산을 준비했다. 그리고 개집 앞 나무에 아기를 낳았다. 까치가 아기들을 쪼아 먹으려 하자 경비원은 아기들을 경비소에 옮기며 단이 가족의 경비소 생활이 시작되었다. 아파트 입주자예정자협의회 운영진은 아파트 건설노동자와 경비원과 유대관계를 맺고 있는 단이를 보고 아파트 주민이 함께 논의할 문제라고 판단했으리라. 단이 가족의 거취는 아파트 입주예정자협의회 단톡방에 올라와 협의회의 첫 번째 안건이 되었고, 그렇게 나는 단이를 알게 되었다.

[3] 건설현장에 차려 놓은 간이 식당을 말한다

단이가 어떻게 아파트 공동체에 본인을 지지하는 연대를 만들 수 있었는지 생각해 보면 단이가 도움이 필요한 불쌍한 존재여서가 아니라 다른 존재의 선의를 믿고 의지할 줄 알았기 때문인 것 같다. 임보처로 이동한 날, 단이는 처음 차를 탔고 병원에서 피를 뽑히며 많은 것이 수상하고 두려웠을 터였다. 병원을 나서고 임보처로 이동하는 길에 단이는 내 무릎 위에 올라왔다. 그날의 혼란과 두려움을 단이는 혼자 버티기보단 온기가 있는 몸에 맞대고 버텨보자고 생각한 것 같다. 사람에 대한 믿음은 이전에 아파트 건설노동자분들과 경비원님이 쌓아놓은 것일까. 강아지가 가지고 있다는 협동하는 재능 덕분일까. 단이가 나에게 의지하고 있다는 걸 느낀 순간, 첫 구조로 복잡했던 나의 마음도 단이의 온기에 위안을 얻었고 단이의 행복을 위해서 무엇이든지 할 수 있는 게 있다면 기쁠 것 같았다. 그렇게 나

단이는 현재 돌고영 님 임보처에서
지내고있다.
입양 문의
instagram @sapsareefamily

4   스티븐 코틀러, 〈이타적인 개〉, 《인간은 개를 모른다》, 이민아 옮김(서울: 필로소픽, 2018), 81~112.

5   전희경, 같은 책, 76~78.

는 단이를 둘러싼 연대에 깊이 결속하게 되었다.

인간이 지금과 같이 인류애나 협동심을 가지도록 진화한 것에는 협동하는 재능을 가진 개의 조상 늑대와 함께 지내며 유대관계를 맺는 능력을 배웠기 때문이라는 설이 있다.[4] 사실인지 아닌지는 모르겠지만 적어도 나는 단이를 알게 되고 연대하는 법을 배우고 있다. 단이와 연대하고 단이와 연대하고자 하는 사람들과 연대하면서, 구조자로서 단이를 돌보기도 하지만 동시에 단이에게 의지하고 단이와 사람들의 돌봄을 받는 법을 배운다. 선의의 마음들을 기억하고 믿으면서, 앞으로도 미안해하기보다는 고마워하며 앞으로 '돌봄을 주고받는 실력'[5]을 키워야겠다는 생각을 한다.

디지털시대, 고양이 안부를 묻는 법

포도
잡지 만들길 잘했다.
매거진 탁! 발행인 겸 편집장
고양이활동가이자 디자이너
instagram @podo.work

　　재건축이 예정된 아파트에서 사는 고양이들을 무너지는 건물 틈에 깔려 죽지 않도록 공사장 밖으로 내보내는 일은 장장 3년이 걸렸다. 수백 채 아파트가 거의 일시에 철거되고 마지막 한 동이 남았을 때다. 포크레인은 마치 케이크를 파먹는 포크처럼 생각보다 쉽게 5층짜리 아파트를 긁어내렸다. 우리는 마지막 남은 아파트를 터 삼아 살고 있던 고양이 한 마리를 구조하기 위해 고군분투 중이었다. 결국 포크가 마지막 남은 케이크를 긁어 먹기 시작하기 직전, 비로소 그 고양이를 구조했다. 마지막 구조로 3년간 모든 활동이 마무리됐다.

깨달음의 정수에 도달하면 생기는 눈이 있다. 요가에서 차크라라고 불리는 제3의 눈이다. 고양이활동가들에게도 그런 제3의 눈이 있다. 물론 인생의 정수까지 도달한 거라기 보다는 직업병 같은 것일지도 모르겠다. 그것은 어느 순간이나 장소에서든 고양이를 인지할 수 있는 감각이다. 눈과 눈 사이 혹은 뒤통수나 엄지발가락 끝 혹은 알 수 없는 어딘가에 붙어 있을지도 모른다. 자동차와 사람이 뒤엉킨 복잡한 도심 한복판에서도 저 멀리 고양이 움직임은 시력과 상관없이 포착된다. 이 비범한 능력이 가끔은 저주스러울 때도 있지만 이 인지 기관으로 발견한 고양이 한 마리가 그날 저녁 한 끼를 해결하거나 구조되어 병을 치료하게 되는 경우는 고양이활동가들에게는 흔한 일이다. 마지막 남은 아파트가 철거된 후, 둔촌동 재건축 지역 고양이 이주 활동이 마무리되나 했지만 어느새 내게 장착된 제3의 눈은 내 의지나 계획과 상관없이 그때부터 또 다른 활동을 이어갔다. 고양이들이 공사장 밖으로 넘어왔을 법한 곳이거나 그 외 예상치 못한 곳에서 둔촌아파트 고양이들을 만나는 일은 부지기수였다. 물론 이미 다른 동네에도 비슷하게 생긴 고양이만 여러 마리였다. 같은 치즈 고양이라도 미묘한 점 위치로 각기 달랐다. 그럼에도 제3의 눈으로 보는 고양이들은 매번 둔촌주공아파트 고양이들이었다. 직감을 확실하게 해준 것은 너덜너덜해질 때까지 들고 다닌 《둔촌주공아파트 길고양이 개체 수 조사》 책자 덕분이었다. 2017년 일 년 동안 아파트 내에 사는 약 250여 마리 고양이 개체 수를 조사한 덕분에 작은 차이까지 구분하면서 아파트 고양이 여부를 확인할 수 있었다.

4년 전, 단지 내 고양이 개체 수 조사를 하러 갈 때 마다 아파트 높이만큼 자란 나무와 풀숲 틈에서 어김없이 만났던 고양이가 있다. 흰 털도 아니고 노란 치즈도 아닌 묘한 색의 털을 가진 고양이었다. 햇살을 받으면 진줏빛이 되기도 했다. 풀숲의 녹색 배경에는 이상하리만큼 비현실적으로 보이기도 했다. 산신령이 고양이로 현현하면 꼭 저런 모습이지 않을까. 크림색 털을 가진 이 고양이를 동네 사람들은 '크림'이라고 불렀다. 그런 도도함과 신비로움을 자아내던 크림이도 재건축에는 무방비였고 결국 이사를 떠나야 했다. 그 고양이를 위해 외부 안전한 장소를 정해놓고 일시 계류 후 방사하는 원거리 이주 방사를 했고 한동안 그곳에서 잘 지내는 듯싶었다.

고양이는 영역 동물이라서 아무리 섬세하게 잘 준비해도 이주 방사에 변수가 많았다. 잘 정착하는 고양이도 있었지만 그렇지 못한 고양이도 있었다. 크림이는 후자에 속하는 고양이였다. 그렇게 크림이는 자취를 감췄다.

한두 달이 지났을까. 오래간만에 방사지에서 몇 키로 정도 떨어진 곳에서 활동하는 동네 고양이활동가(캣맘) 한 분에게 카톡이 왔다.

　　　혹시 *이 고양이 알아?*

　　　아… 이건 너무했다. 내가 아무리 고양이 활동을 돈 버는 일보다 더 열심히 하고 있긴 했지만 둔촌동에 사는 수백, 수천 마리 고양이 중 이 고양이를 알 거라고 생각하고 물어보는 게 말이 되는 건가? 서울에서 김서방을 묻는 것도 어색할 판에 고양이를 묻는 질문 자체가 참 낯설었다. 약간 흐린 눈을 하고 카톡 속 고양이 사진을 보는 순간, 제3의 눈이 발동했다.

　　　크림이었다.

그렇게 다시 만났다. 카톡을 통해 크림이 안부를 물었다. 그리고 직접 고양이 안부를 확인했다. 그러나 얼마 후 신비스러운 그 고양이는 다시 자취를 감췄다.

　　　트위터를 시작한 지 얼마 되지 않았을 때다. 멘션과 리트윗이란 개념이 생소하여 일단 이것저것 눌러 보면서 인터페이스를 조금씩 알아가고 있었다. 그때 트위터 타임라인에 글이 하나 올라왔다. 팔로우하지 않은 낯선 아이디의 글이었다. 누군가가 그 글을 리트윗해서(퍼다날라서) 내가 볼 수 있게 된 것 같았다. 어딘지 알 수 없는 장소에서 강아지와 산책할 때마다 만나는 길고양이라고 올린 지극히 평범한 고양이 사진이었다.

　　　크림이다.

온라인에서도 제3의 눈이 발동하여 크림이를 알아본다는 게 속으로 조금 놀랐지만 그래도 명확히 하기 위해서 원글을 쓴 사람에게 멘션으로 말을 걸었다.

　　　혹시 *이 고양이가 XX 구 OO에 있는 고양이인가요?*

지난번 마지막으로 본 곳 인근 위치로 가늠하여 물었다.
답변이 왔다.

맞아요. OO에서 자주 만나요.

　　크림이는 하루라는 이름으로 불렸다. 그리고 하루 사진을 찍어 올리는 한 블로그 링크를 전달받았다. 은퇴하신 나이 든 아저씨가 올린 투박한 사진들인데 아무 설명 없이 하루에도 몇 장씩 사진만 꾸준히 포스팅됐다. 이전 기록을 찾아보니 2020년 5월부터 그의 블로그에는 하루 그러니까 크림이가 등장했다.

크림이 소식은 카톡에서 트위터로 그리고 지금은 블로그로 존재를 확인하고 있다. 가끔 생각한다. 혹시 크림이가 실재하는 고양이가 아니라 가상 공간의 어떤 존재가 아닐까. 지금은 그 고양이의 발자취를 온라인상 익명의 사람들에게 소식을 전달받아 존재를 확인하고 있다. 어쩌면 크림이를 찾고 싶다는 간절한 마음이 가상 공간에 가닿아 인터넷 세상에서도 제3의 눈이 그 고양이를 따라다닌 게 아닌가 하는 생각이 든다.

사진 @hometown_410

'인간적인, 너무나 인간적인'

제4회 카라동물영화제 리뷰

헌이비

어느 날 길에서 만난 넉살 좋은 고양이와
함께 살게 된 후로 동네고양이가 눈에 들어오기
시작했다. 고양이를 돌보는 일이 나의 기쁨으로
만 남지 않기를 바라는 마음이다.
instagram @slowjazzdancers

네 번째로 열린 카라동물영화제의 슬로건은 '인간적인, 너무나 인간적인'이다. 인간 중심적인 생각과 태도가 비인간 동물과의 관계를 어떤 식으로 굴절시키는지 질문을 던져보는 것이 이번 영화제의 중요한 지점이다. 반려견이 잘 길들여지지 않아 안락사를 염두에 둘 때, 그런 선택을 내릴 권리가 애초에 인간에게 있는 것인지 혹은 인간이 오직 자신의 유희를 위하여 비인간 동물의 생명을 함부로 해쳐도 되는 것인지, 당연하게 여겼던 인간과 비인간 동물의 관계의 위상을 되짚어본다.

백스터와 나

실패로부터 시작되는 일

질리언 리히 | 오스트레일리아 | 2016
80분 | 다큐멘터리 | 12세 이상 관람가

페미니스트로서 질리언 리히가 실천해온 삶의 양식 가운데 하나는 시나리오를 쓰고 영화를 만드는 일이었다. 영화 제작자로서의 사명을 가졌지만 생활을 영위하고 안정적인 궤도에 오르기 위해 때로는 학교에서 영화를 가르치는 일도 마다하지 않았다. 그러한 여정에는 항상 그녀의 곁을 함께하는 반려견들이 있었다. 〈백스터와 나〉는 질리언 리히의 자전적인 이야기 안에서 그녀가 충만한 애정을 나누었던 존재들에 관한 다큐멘터리이다. 성숙으로 나아가기 위하여 부단히 시행착오를 거쳐야 하는 것처럼 질리언 리히 역시 그녀가 반려견과 맺은 미성숙했던 관계들을 성찰하고 숙고했던 시간을 담담한 독백으로 풀어낸다. 헤어진 연인의 빈자리를 의식하지 않기 위하여 새로운 반려견을 가족으로 맞이하는 일이나 반복적으로 벌어졌던 반려견의 돌발 행동에 대하여 느슨하게 대처해 벌어진 비극은 그녀를 뼈저리게 아프게 하고 슬픔을 가져다주었다. 이 다큐멘터리를 끝까지 다 보았을 때 문득 이런 질문이 생겼다. 자신이 반려하던 개와 끝없이 작별해도 다시금 새로운 개를 가족으로 맞이하는 이유가 뭘까? 그녀에게는 생명을 보듬을만한 에너지가 아직 남아있는 것인가?

어떻게 그게 가능한 것인지 영화의 처음과 끝을 비추는 그녀의 오래된 집과 오래된 개 백스터를 보며 희미하게나마 알게 되었다. 소박하지만 아름다운 작은 정원이 딸린 집에서 그녀의 동선을 따라 자유롭게 오고 가는 백스터의 느긋한 걸음걸이와 그녀가 외출하는 중에는 문밖 테라스에서 낮잠을 즐기는 백스터의 습관은 그녀와 오랜 시간을 보내며 두텁게 쌓아 올린 것들임. 노년에 이른 질리언 리히가 끝까지 사랑을 주고받기로 결정한 까닭에는 그녀가 겪은 무수한 실패와 실망과 아쉬움이 그녀의 사랑을 추동하였기 때문이라는 확신이 든다.

고양이에게 밥을 주지 마세요

정주희, 김희주 | 한국 | 2020 | 79분 | 다큐멘터리 | 전체관람가

사랑은 혐오보다 강하다

고양이를 가엽고 측은하게 느끼는 태도에 대해서 불편해하는 시선이 많다는 것을 안다. 그 불편한 감정 안에는 왜 고양이만 특별 취급하고 편애하는 것인지 도저히 이해할 수 없다는 불만이 녹아들어있다. 고양이를 돌보는 사람들을 향해 노골적으로 적개심을 드러내는 일은 부지기수로 일어난다. 그래서 〈고양이에게 밥을 주지 마세요〉에서 벌어지는 힐난의 풍경이 낯설지 않다. 그와 같은 공격에 대응하고 방어하기 위해, 고양이 돌봄을 자처하는 사람들 사이에는 고양이를 향한 감정을 최대한 표출하지 않고, 생태학적으로 개체 수를 조절하고 관리하는 접근법을 돌봄을 정당화하는 근거로 선호하는 경우가 많다. 애처로운 마음으로부터 시작된 돌봄의 동기가 왜 비난의 대상이 되어야만 하는 걸까? 이 다큐멘터리는 그와 같은 질문을 다시 관객에게 돌려놓는다.

어둑해진 골목길에서 전동 휠체어를 타고 있는 나영 씨를 지켜주는 것은 휠체어에 붙은 반사판과 깜빡이는 빨간 불빛뿐이다. 그럼에도 나영 씨는 거침없이 골목을 누비며 길고양이들을 만날 때마다 사료를 부어준다. 다정하게 이름도 불러주면서 얼굴빛은 환하다. 주인을 잃어버린 강아지를 만났을 때에도 쉽사리 지나치지 못한다. 다른 사람들은 쉽게 지나치는 것들에 대해서 그녀는 왜 자꾸만 걸음을 멈추게 되는 것일까? 그녀의 몸이 다른 사람보다 특별해서, 더 많은 애정과 사랑을 담을 수 있도록 고안된 것일까? 불행을 감지할 수 있는 안테나가 그녀의 몸 안에 내장되어 있는 것은 아닐까? 이런 우스운 질문을 던져보면서도 나는 그것이 정말로 사실이 아닐까 하는 생각이 들었다. 나영 씨가 구내염이 심한 고양이 때문에 안타까워하다 눈물을 참지 못하고 울음을 터뜨렸을 때, 카메라는 그녀 곁에서 그녀의 얼굴을 가만히 비춘다. 나영 씨의 얼굴에 드러난 감정의 결을 헤아리려는 것처럼.

정기적으로 투석을 받으러 가야 하는 나영 씨에게 곤란한 것은 그녀의 전동 휠체어가 가지 못하는 계단과 경사가 심한 내리막길뿐만 아니라 그녀가 매일 만나는 고양이들을 제때 만나지 못 하는 일이나 고양이 급식소를 함부로 헤집어놓는 사람을 만나는 일이다. 혐오와 배제가 손쉽게 일어날 수 있는 환경이 도처에 널려있는 상황에서 나영 씨는 자신이 겪고 있는 문제를 인터넷 공간에서 다른 이들과 함께 나눈다. 라이브 방송으로 실시간 대화

를 나누는 모습이 다큐멘터리 안에서 포착될 때, 관객으로 있는 나 역시도 그 순간 그녀와 연결되어 있다는 감정을 느꼈다. 조금 더 정확히 말하자면 그녀와 연대하고 싶다는 감정이 밀려 들어왔다. 그녀가 보통 사람보다 훨씬 더 감정 표현을 풍부하게 하기 때문에 그 감정이 전달되는 파고가 높다는 사실을 인정하지 않을 수 없지만, 그녀의 내면에 자리한 사랑이 숨길 수 없을 정도로 커서 그 사랑이 발산되는 것을 본 목격자가 되는 것이다.

혐오의 내막을 파헤치다 보면 그 이유가 허무할 정도로 엉성한 논리로 채워져 있는 경우를 보게 된다. 이 다큐멘터리가 극장에서 개봉하기도 전에 별점 테러를 당하는 현상은 혐오의 작동 원리를 짐작하게 한다. 자신이 혐오하고 있는 대상을 자세히 들여다볼 의지도 노력도 손에서 놓아버리고 포기하겠다는 선언이다. 그렇기 때문에 혐오는 '손쉽게' 일어나고 전파 속도가 빠르다. 공들일 필요가 없기 때문이다.

무언가를 사랑한다고 기꺼이 표현할 수 있는 용기가 때로는 혐오를 잠식하기를 바라며, 수많은 사랑의 형태 중에서 나영 씨가 수고롭게 공들이는 사랑을 응원한다.

야생의 편에 서서

잔인함을 직면하는 시간

자코모 지오르지 | 이탈리아 | 2019 | 90분 |
다큐멘터리 | 15세 이상 관람가 |

여전히 지구 어딘가에서는 단순 유희를 위해 동물이 사냥되고 있다. 동물을 살육하는 일이 어떻게 유희가 될 수 있는지 받아들이기 어렵지만 일종의 스포츠로 사냥을 즐기는 사람들이 존재한다는 사실만은 분명하다. 이 다큐멘터리는 사냥을 반대하는 활동가들이 사냥 현장에서 어떤 방식으로 사냥을 저지하는지 다양한 사례를 보여준다. 인상적인 에피소드 중 하나는 물오리를 사냥하는 늪지대 근처에 이동식 병원을 대기시켜 부상당한 오리를 물에서 바로 건져내는 장면이었다. 같은 공간에서 어떤 사람들은 새를 향해 총을 쏘고 다른 한편에서는 총에 맞은 새들을 구조하는 사람들이 동시에 진을 치고 있는 장면은 생경하면서도 끔찍한 풍경이었다. 생명을 살리고 죽이는 일이 동시다발적으로 일어나는 아이러니한 상황이다. 사냥을 저지하는 과정에서 사냥 애호가들의 폭력에 속수무책으로 활동가들이 당하는 장면은 미디어에서 큰 파장을 일으켰고 사람들의 관심을 촉발하였다. 사슴을 즐겨 사냥했던 남자가 인터뷰에서 이렇게 말한다. "저는 사슴을 좋아해서 사냥을 즐겼어요. 그런데 누가 묻더군요. 사슴을 정말 좋아한다면 사냥을 그만두는 것이 맞지 않나요?" 이 말을 듣고 남자

는 사냥을 멈췄을까? 그렇지 않았다. 아버지를 따라 사냥에 나섰던 남자는 자신이 쏜 사슴을 다음 날 아침에 찾으러 갔을 때 부상당한 사슴 곁에서 함께 있던 다른 사슴의 발자국을 발견하고 나서야 사냥을 멈출 수 있었다. 인간은 그런 존재다. 자신에게 공명하는 결정적 순간을 만나기 전까지는 쉽게 생각을 바꾸지 못한다. 행동을 바꾸는 건 그런 생각이 바뀌고 나서야 가능하다. 동물이 동물다울 때보다 인간적인 모습을 보일 때 사람의 마음이 움직인다는 점은 한편으로 사냥의 역사가 왜 그리 유구할 수 있었는가를 설명해 주는 점이기도 하다. 다큐멘터리 말미에 고래를 사냥하는 사람들의 모습이 스크린을 가득 메운다. 고래들의 붉은 피가 바다를 물들여도 사람들의 표정은 밝기만 하다. 그 무심함이 인간의 잔혹한 면모를 너무도 분명하게 보여주고 있어서 소름이 끼칠 정도다. 동물들의 죽음으로 쌓아 올린 이미지들이 인간의 비인간성을 고발하지만 언제 어떤 형태로 관객의 마음에 다시 공명하게 될지는 알 수 없다.

고잉홈

인간 중심에서
가장 멀리 도망가기

윤지용 | 한국 |
2021 | 31분 |
드라마 | 전체
관람가

어느 날 사라진 반려견 배추를 찾기 위해 벌어지는 가족 소동극을 그린 〈고잉홈〉은 반려동물과 함께할 때 필요한 것이 무엇인지 묻게 되는 영화다. 사람과 다른 생애주기를 가진 반려동물이 사람과 함께 살아갈 때 사람 중심적으로 반려하다 보니 문제 상황들이 발생한다. 경제적으로 쪼들려서 질병을 제때 진단하여 치료해 주지 못하거나, 무지로 인해서 반려동물의 행동을 오인하는 경우가 있다. 한동안 반려동물의 행동 교정 프로그램이 유행처럼 번지면서 반려동물의 행동이 무엇을 의미하는지 궁금해하는 사람들이 많아졌다. 동물의 언어를 인간이 완전히 이해하기는 힘들다. 그럼에도 불구하고 동물의 언어를 이해하기 위해 인간 중심에서 한 발짝 멀어져보는 시도가 필요하다. 언어의 간극을 채우기에 애정만큼 적절한 것이 있을까? 물론 이때의 애정도 일방적인 것이 되어서는 안 될 것이다. 나와 다른 종의 행동 양식을 이해하는 것과 습성을 공부하는 것 외에도 끝까지 함께한다는 약속을 지키는 일도 잊지 말아야 한다.

냉장고 안의 코끼리

운이 좋아서 살아남았다

강림 | 한국 |
2020 | 14분 |
드라마 | 전체
관람가

연인이 이별하게 되면서 함께 키우던 고양이를 입양 보내려는, 현실에서 있을법한 이야기를 다룬 이 영화는 처음에는 가벼운 농담처럼 시작되지만, 이 영화가 은유하고 있는 장면들이 동물 학대가 빈번하게 벌어지고 있는 현실 세계와 맞물려지면서 등골이 오싹해지는 경험으로 변주된다. 영화의 독특한 점은 약하고 힘없는 존재를 향해 가해지는 물리적 폭력이 영화 안에서 시각적으로 구현되는 것을 택하기보다, 그 모든 과정을 생략하면서 얻어지는 상상력으로 대체했다는 점이다. 사실 영화 속 상상을 메우는 것은 현실 속 기사와 SNS를 통해 전달되는 학대 소식들이다. 냉장고 안에서 발견된 고깃덩어리들이 끔찍한 학대로 훼손된 동물의 신체를 어쩔 수 없이 연상시키고 결국엔 그렇게 되지 않았다는 안도감이 영화의 정서로 감돈다. 학대를 가하는 가해자 외에도 그런 일이 벌어질 수밖에 없도록 방관하는 사회 구조에 대해서 생각할 수밖에 없게 된다. 느슨한 동물보호법, 동물을 사물처럼 생각하는 구시대의 산물들. 이 영화가 가시화하고 있는 공포를 이 사회가 예민하게 알아차리기를.

international news

인도네시아　　　Camille

인도네시아에서 고양이를 돌보았다.
현재는 귀국하여 프리랜서 메이크업
아티스트로 활동하고 있다.

instagram @chocochu_the_cat

인도네시아에서 어떻게 고양이 돌봄 활동을 하셨나요?

2013년 10월 우연한 기회로 인도네시아에서
활동을 시작했습니다. 당시 거주하던 레지던스
주위의 길고양이들의 밥을 챙겨주면서 버려지고
소외된 동물에게 관심을 가지기 시작했어요. 그
무렵 인스타그램을 통해 중국의 위린 개고기
축제(玉林狗肉节)를 알게 되었습니다. 개를
잔인하게 학살해서 먹는 것을 보고 진지하게
동물의 삶에 대해 고민하게 되면서 비건으로서의
삶도 시작했습니다. 코로나 사태로 귀국하기 전, 약
1년 정도 출퇴근 시 만나는 동네고양이들의 밥을
챙겨줬고 지인들과 함께 유기동물 보호, 구조, 임보,
입양홍보, 기부 활동을 했습니다.

**인도네시아는 이슬람교도가 87% 이상인 국가인데,
이러한 종교적, 문화적 특징이 고양이에 대한 인식에도
영향이 있나요?**

모든 사람이 그런 건 아니지만 이슬람교도는 교리
때문에 개의 침이 몸에 닿으면 신성치 못하다고
생각하는 경향이 있습니다. 그에 비해 고양이를
향한 사람들의 인식은 좀 다른데요. 이슬람교의
지도자인 마호메트의 초상화에도 고양이가
나옵니다. 인도네시아뿐만 아니라 말레이시아, 터키
등 이슬람교도가 많은 국가에서는 동네고양이가
사원에서 느긋하게 휴식을 취하거나 밥을 얻어먹는

광경을 흔히 볼 수 있을 정도로 고양이에게 상당히
우호적입니다. (다만 다양한 국가에서 거주하고
근무한 경험을 비추어 보면, 나쁜 사람은 어디에든
있는 것 같습니다.) 이슬람교에서는 고양이를
학대하거나 실수로 치어 죽이게 되면 악운이 온다는
미신이 있어서 사고로 로드킬을 하게 되어도 사체를
신중히 수습해 주는 모습을 종종 볼 수 있습니다.
태국이나 싱가포르도 고양이에 대한 인식이
부정적이지 않습니다. 불교 인구가 많은 국가는
살생을 금하고 생명을 긍휼히 여기는 불교의 영향을
받았기 때문이죠.

**인도네시아에서는 주로 어떤 SNS를 사용하여 고양이
돌봄, 구조활동을 하는지 궁금합니다.**

인도네시아에서 제일 많이 사용하는
SNS로는 인스타그램, 페이스북을 꼽을 수
있습니다. 우리나라의 카카오톡과 비슷한
왓츠앱(WhatsApp)으로 지인들에게 단체
문자를 보내어 입양홍보나 임시보호, 중성화
지원에 관한 정보를 공유하기도 합니다.
그중에서도 인스타그램이 1위입니다. 우리나라도
마찬가지이지만 인도네시아인들의 인스타그램
사용은 압도적이에요.

**인도네시아에서는 동네고양이가 구조나 치료가 필요한
상황에서 개인 활동가가 구조, 치료 등을 진행하나요?**

혹은 동물보호단체와 함께 구조할 수 있나요?

개인적으로 활동하는 경우도 많고, 지인들과
정보를 공유해서 서로 협력하는 경우도 많습니다.
보호소뿐만 아니라 동네고양이를 구조하는
사람들에게 할인해주는 동물병원이 있습니다.
다수의 사설 동물보호단체와 협력하기도 하고요.

인도네시아에서 활동하고 있는 동물보호단체를 소개해 주실 수 있을까요?

다양한 동물보호단체가 있는데, 그중에서 오랫동안
큰 규모로 다양한 활동을 하고 있는 단체가
있어요. 자카르타에 기반을 두고 있는 비영리
자선단체 JAAN(jakarta animal aid network)
입니다. 길고양이뿐만 아니라 개, 원숭이, 말 등
다양한 동물의 구조와 권익 보호에 앞장서고 있는
단체입니다. 발리에 기반을 두고 있는 큰 규모의
길고양이 보호 단체로는 Villa Kitty Foundation이
있는데, 동네고양이 구조, 치료, 중성화, 입양에
앞장서고 있는 대표적인 단체입니다. 그 외에도
사설 길고양이 보호단체는 셀 수 없이 많고, 다수의
애묘 수의사분들도 자비로 구조, 치료에 앞장서고
있습니다.

인도네시아에서 돌보시던 고양이들 생각이 많이 나실 것 같습니다. 활동하시던 당시 생각나는 친구들이 있으신가요?

근덧, 그레이, 블랙, 많은 아이들이 생각이 나네요.
그중 상가 앞에서 쓰레기를 먹고 살다가 어렵게
구조됐던 '코코'라는 친구가 많이 보고 싶습니다.
코코는 선천적으로 다리 하나가 짧아요. 저의 아픈
손가락이죠. 어느 날 고양이를 싫어하는 아파트
주민이 코코를 택시로 1시간이 넘는 먼 거리로
데려가서 버렸습니다. 다행히 코코가 유기되기
전에 다리가 불편해 보이니깐 누군가에게 해코지를
당할까 봐 인식표에 제 핸드폰 번호를 새겨뒀거든요.
우연히 지하철역 근처를 지나던 한 수의사가 그
인식표를 보고 저에게 연락을 주었습니다. 비가 오는

날이었는데 지하철 역사를 온통 뒤져 결국 다시 만났습니다. 애를 정말 많이 태웠지요. 드라마틱한 시간을 함께 보낸 아이라 마음이 많이 쓰인답니다. 현재 코코는 자카르타에서 친구가 임보하고 있습니다. 코코는 귀국 준비를 하던 중 신장과 심장 기능이 좋지 않아 비행기를 탈 수 없었습니다. 꼭 데리러 온다고 약속했는데, 코로나가 이렇게 길어질 줄은 몰랐고요. 친구가 정성스럽게 잘 돌봐주고 자주 비디오를 찍어 안부를 전해주고 있지만, 코코랑 한 약속을 꼭 지키고 싶어 마음 한편이 항상 무겁습니다.

돌보던 고양이들이 모두 다 소중해서 모두 건강하게 잘 지내고 있길 바랍니다.

우리나라도 인도네시아처럼 사람들이 고양이에 대해 보다 긍정적 인식을 가지고, 동네고양이의 복지가 좋아지려면 활동가들이 어떻게 하면 좋을까요?

첫째도 둘째도 타인을 생각하는 마음이 중요하다고 생각합니다. 내가 오늘 우연히 준 밥 한 끼로 인해 동네고양이가 죽거나 학대를 당할 수도 있다는 게 지금의 슬픈 현실이에요. 불결한 환경을 만들며 무분별하게 밥만 주는 행위는 고양이를 향한 부정적인 인식을 증가시키는 결과를 낳게 됩니다. 또한 활동가들도 동네고양이를 돌보면서 개체 수 증가를 방임해서는 안 됩니다. 그리고 동물 복지와 권리, 동물 관련 법규에 대한 지식 습득도 동반되어야 진정한 동물보호를 실천하는 거라고 생각합니다. 한 나라의 시민 의식 수준은 그 나라 사람들의 동물에 대한 생각과 태도에서 발현됩니다. 이웃과 대화하고 정보를 공유하며 시민의식이 향상할 수 있도록 노력해야 합니다.

SNS는 누구나 참여할 수 있는 공간이지만 또 익명성을 기반한 곳이기 때문에 명암이 존재하는 곳이기도 합니다. SNS를 사용하는 활동가들이 건강한 동물권 활동을 위해서 지켜야 할 것이 있을까요?

SNS에서 보여주기식 고양이 구조는 하면 안

된다고 생각해요. 지원을 명목으로 사리사욕을 도모하는 사람들도 잘 구분해야 하고요. 그들 때문에 고양이활동가(캣맘, 캣대디)에 대한 인식이 더 나빠지고 있어요. 또한 SNS에서는 주관적인 의견을 남에게 강요해서는 안 된다고 생각해요. 모든 사람이 고양이를 사랑할 순 없으니까요. 기대해서도 강요해서도 안 되죠. 대신 활동하는 사람들은 동물과 사람의 입장을 함께 생각하는 사려 깊은 태도를 가지고 있어야 합니다. 동네고양이에게 밥을 주는 것이 결과적으로 어떻게 더 좋은 환경을 만들 수 있는지를 논리적으로 설명할 수 있는 지식과 함께요.

영국   soxandtreacle

한국에서 연극 관련 일을 하며 글을 썼고, 영국에서
영화 이론과 철학을 전공하였습니다. 관련된 일을
하다가 지금은 다시 영국에서 동물권과 동물복지,
동물구조와 관련된 공부를 하고 일을 하며 글을 쓰고
있습니다

instagram @soxandtreacle

영국의 동물권 인식

**한국에서 동네고양이를 돌보며 해외에서는 어떻게
활동하는지 궁금할 때가 있습니다. 영국에서
동네고양이를 대하는 사람들의 인식은 어떤가요?**

영국 동네고양이들은 대부분 집고양이들입니다.
동네 어디서나 집고양이들이 거리에 나와 뒹굴고,
이웃집을 자유자재로 방문하여도 뭐라고 하는
사람들이 없습니다. 저희 집 정원에도 이웃
고양이들이 많이 방문하고 있고, 이웃집 할머니,
할아버지는 자신의 정원에 더 많이 놀러 오라고
간식을 두기도 합니다.

영국은 한국처럼 길고양이(길에서 자생적으로
살아가는 고양이 혹은 유기묘)를 만나기가 쉽지 않은
이유는 집이 필요하거나 배가 고프면 아무 집이나
들어가서 쉬거나 밥을 먹으면 되기 때문입니다.
그러다 눌러앉기도 하고요. 여건이 안 되는 사람은
동물구조 단체에 연락하면 바로 와서 구조해주고
치료부터 입양까지 다 해주니 길거리에 아프고
배고픈 아이를 보는 경우는 극히 드뭅니다.

**한국에서 동네고양이는 사람보면 피하기 급급한데 영국
고양이들은 친근하네요. 어떤 요인이 있을까요?**

인스타를 시작하고, 한국의 활동가분이 길고양이와
거리를 두고 손을 태우려 하지 않는 것을 보고
많이 놀랐습니다. 영국에서는 동네에서 다가오는
고양이를 누구나 쉽게 만질 수 있고, 함께 주저앉아

놀기도 합니다. 동네에 돌아다니는 고양이는 말
그대로 한동네에 사는 우리의 이웃 고양이들이고,
간혹 한국의 길고양이에 해당하는 stray cat이 있기도
하지만 한국의 고양이처럼 사람을 무서워하는
경우는 극히 드뭅니다. 영국의 고양이가 사람을
친구로 생각하는 이유는 살면서 받아온 환대에
익숙하기 때문일 것입니다. 영국 고양이 대부분은
내가 다가가는 저 사람이 나를 좋아해 주리라는 것을
의심하지 않습니다.

영국에서는 길고양이를 만나기가 어렵군요.

우선 영국에서 길고양이를 부르는 명칭이 두 가지가
있습니다. 하나는 stray cat이고, 또 하나는 feral
cat입니다. stray cat은 길에서 살지만 집 주위 근처를
맴돌며 인간과 가까이 지내 친근한 성격을 가지고
있고, 중성화를 한 후에도 귀 커팅을 하지 않습니다.
자주 방문하던 집에 눌러앉기도 하고, 구조단체를
통해 입양을 가기도 하기 때문입니다.

반면 feral cat은 말 그대로 야생 고양이로 사람
눈에 잘 띄지 않고, 야생성을 지키며 살아갑니다.
구조단체에서 중성화 후에 귀 커팅을 합니다.
다쳤다고 신고가 들어오면 치료해 주고 다시
자연으로 방사하지 입양 보내지 않습니다.
야생동물을 구조 후 길들이지 않는 것과
마찬가지입니다.

영국에는 캣맘이 없습니다. 고양이를 싫어하는 사람은 있을 수 있지만, 배고픈 고양이를 지나치는 주민은 거의 없습니다. 배고프고 아픈 고양이는 주민이 돌보거나 구조단체가 치료해 줍니다.

영국에서는 집고양이가 산책도 하는것 같은데 한국에서는 산책하는 고양이를 전반적으로 반대하고 있어요. 로드킬이나 학대의 위험이 많아서요. 영국은 정책적으로 산책냥이를 반대하지는 않나요?

제가 23년 전 처음 영국으로 이주한 후 가장 인상적이었던 영국에서 문화는 정원마다 고양이가 나와 뛰어다니고, 동네 골목마다 집고양이가 평화롭게 뒹굴뒹굴하는 모습을 볼 수 있다는 것이었습니다. 제가 살았던 하숙집에도 늘 이웃집 고양이가 놀러 왔고, 지금도 제 정원에는 변함없이 이웃집 고양이가 놀러 옵니다. 제 고양이도 여전히 이웃집 정원을 방문하고요.

영국은 구조단체나 보호소에서 입양을 원할 때 안전한 실외 활동을 할 수 있는 공간을 갖추고 있는 것이 너무나 중요한 입양의 필수 조건입니다. 영국인들은 고양이뿐 아니라 모든 동물이 본능에 충실한 삶을 살아갈 때 가장 행복하고, 건강할 수 있다고 믿습니다. 그래서 고양이의 실외 활동을 중요하게 여깁니다. 실제로 영국 고양이의 평균 수명이 가장 높기도 하고요. 영국도 고양이를 영역 동물이라고 여깁니다. 하지만 그 영역을 훨씬 더 넓게 보는 것이죠. 다만 집 근처가 차가 많은 도로거나 위험한 주택가라면 내보내면 안 되겠죠. 요즘은 베란다에 캣티오(catio)*를 만드는 사람도 많이 생기고 있는 것으로 알고 있습니다.

*캣티오(catio)   캣(cat)과 파티오 (patio)의 합성어로 고양이 전용 야외공간을 말한다.

바터시(Battersea) 보호소에서 만난 레이븐이라는 고양이와 함께 살기 시작하셨다는 소식을 인스타그램을 통해 보았습니다. 바터시 보호소는 150년 이상 개, 고양이 등을 구조해온 역사가 오래된 단체라고 들었는데요. 바터시 보호소와 레이븐에 대해서도 소개해 주실 수 있을까요?

영국은 시 보호소가 없고, 모든 동물단체가 정부의 지원금 없이 기부금으로 운영됩니다. 160년 역사 동안 약 310만 마리의 개와 고양이들을 구조하여 입양 보낸 영국의 대표적인 동물보호단체인 바터시(Battersea) 같은 경우도 연간 기부금이 600억이 넘고요. 그만큼 영국은 기부문화가 완전히 자리 잡혀 있습니다. 그러나 이러한 문화가 자리 잡히기까지 영국도 수많은 시행착오가 있었습니다. 그런데도 이러한 기부문화가 자리 잡을 수 있었던 것은 잘못된 점을 발견했을 때 기부를 멈추는 것이 아니라, 더 투명하게 재정이 운영될 수 있도록 구조단체 문화를 바꿨던 것이죠. 바터시는 한국 보호소들과는 비교할 수 없을 정도로 시설이 좋지만, 당연히 따뜻한 사랑이 늘 존재하는 편안한 집에

비할 수는 없습니다. 그래서 바터시의 거의 대부분의
아이는 3주 안에 입양을 갑니다. 바터시는 자신들의
보호소가 아무리 훌륭하고, 자원봉사자만 천 명이
넘어도 아이들을 최대한 빨리 좋은 반려인에게
입양 보내고자 합니다. 구조묘 사랑을 이어가는
최선의 방법은 다시 구조묘를 입양하는 것입니다.
저는 바터시에 올 연말이나 내년 초에 장애노묘를
입양하겠다고 신청서를 보냈습니다. 바터시
관계자는 저와 통화를 하면서 제가 노묘와 장애묘의
경험이 많고, 깊은 이해를 가지고 있다는 것을 알고
제가 고양이 레이븐을 당장 입양하기를 원했습니다.
저는 다리가 불편한 15살 레이븐을 거절할 수
없었습니다. 레이븐은 입양이 되자마자 종양 제거
수술을 받았습니다. 지금은 제가 그때 레이븐을
입양한 것이 운명이었다 믿습니다.

**레이븐은 노령묘고 장애묘였군요. 한국에서는 같은
조건의 고양이가 입양가는 것은 참 어려운 게 현실입니다.
한국에서는 장애나 질환을 가지고 있는 고양이가
보호소에 가게 될 경우 모두 안락사된다고 보면 될 정도로
입양률이 현저하게 떨어집니다. 고양이가 차별받지 않기
위해 사람들은 어떤 태도로 고양이를 바라봐야 한다고
생각하시나요?**

저는 인스타를 시작하기 전에는 제가 장애묘를
반려하고 있다는 생각을 하지 못했습니다.
왜냐하면 제 주변 사람들 아무도 저의 시각장애묘나
청각장애묘, 또 다리나 코가 없는 반려묘들을
장애묘라 부르지 않았으니까요. 제 아이들은 모두
그냥 고양이였습니다.

제 아이들은 나이가 들면서 후천적인 질병이나
암으로 장애를 가지게 되었습니다. 저는 저도 나이가
들면서 그것이 어느 날 나에게 불현듯 일어날 수
있는 일이라는 것을 알게 되었습니다. 저는 오랫동안
고령의 중증 장애묘들을 반려해오며 노묘들도
비슷한 관점에서 바라보고 있습니다. 언젠가 우리
인간들도 모두 늙습니다. 우리가 사랑하는 동물들이

좀 더 빨리 늙을 뿐입니다. 영국의 장애인 인권이 세계에서 가장 발전한 것과 장애동물의 입양률이 높은 것은 절대 우연이 아닐 것입니다. 같은 이유로 저는 고령의 노묘, 노견이 존중받고, 잘 돌봄 받는 나라가 노인이 행복한 나라일 거라 믿습니다.

한국에서 매년 동네고양이 학대 수위가 높아지고 있습니다. 매우 심각한 상황인데요. 영국에도 이런 혐오와 학대 문제가 있나요?

영국도 혐오와 학대가 없지는 않겠지만, 한국 같은 수준의 학대나 혐오 범죄는 일어나기가 힘들 겁니다. 일어나기가 힘든 것이 그런 범죄를 저질렀다가는 법적인 처벌 이전에 사회적인 매장을 당하기 때문이죠. 정말 온 국민의 지탄을 받을 것입니다. 사실 모든 문제는 서로 유기적으로 밀접하게 연결이 되어 있습니다. 영국은 많은 아이가 어렸을 때부터 반려동물을 사랑하는 부모를 보고 자라며, 수의사나 동물 관련 직업을 꿈꿉니다. 그래서 최고 수재들이 수의대를 진학합니다. 그러다 보니 수의학이 발전하고, 반려동물의 평균 수명이 높습니다. 동물을 사랑하는 사람이 많으니 자연스럽게 동물복지가 발전하고, 보호소의 입양률도 높습니다. 이 모든 것은 하루아침에 이루어진 것이 아니고 오랜 시행착오를 겪으며 발전해 온 것입니다. 영국인들은 영국이 여전히 동물 학대가 심하다고 생각합니다. 아직도 개선해야 할 부분이 많다고 생각하지 다 이루었다고 생각하는 사람은 아무도 없습니다.

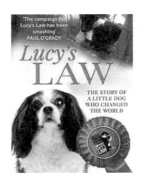

영국이 하루아침에 동물복지가 이루어지지 않았다고 하시면서 여러 시행착오가 있었다고 하셨는데 어떤 시행착오가 있을까요?

영국에 Lucy's Law라는 법이 있습니다. 루시는 2013년도에 개 농장에서 구조된 번식견입니다. 수년간 참혹한 상황에서 지속적으로 새끼 낳는 것을 강요받다 구조되었고, 입양을 가게 되었으나 3년 뒤에 세상을 떠났습니다. 하지만 루시로 인하여 영국에서는 전국적으로 캠페인이 벌어졌고, 6개월 미만의 강아지와 고양이의 판매가 법으로 금지되었습니다. 아기 고양이나 강아지를 입양하려면 보호소를 가거나 모든 것이 투명하게 공개된 법적인 허가를 받은 전문 브리더에게 가야 합니다. 우리는 어떻게 떠난 아이들의 죽음을 헛되지 않게 할 것인지 생각하여야 합니다.

한국에서의 동물구조팀 활동

한국의 활동가들과 함께 한국의 중증 장애묘를 구조하는 '나의 친절하고, 다정하고, 따뜻한 고양이' 활동을 하셨다고 들었습니다. 활동을 어떻게 시작하셨는지 궁금합니다.

저는 한국의 시 보호소 아이중 중증 장애묘를 가장 먼저 안락사를 당하거나 치료를 받지 못하고 죽어간다는 것을 알게 되었습니다. 처음 시작은 제가 반려하던 쑥스처럼 중증 장애를 가진 시 보호소 아이에게 기회를 주고 싶다는 저의 개인적인 작은 바람이 구조작업의 첫 출발점이었습니다. 처음 아이를 구조하고자 결심한 후에는 포스팅에 도와주실 분이 있냐고 글을 올렸습니다. 몇 번의 시행착오 끝에 함께해 주실 분들을 만났고, 너무나 감사하게도 두 분께서 끝까지 함께 해 주셨습니다.

'나의 친절하고, 다정하고, 따뜻한 고양이' 활동을 통해 강아지 한 마리를 포함 20마리를 구조, 입양 보내셨다고 들었습니다. 모두가 특별하겠지만 특히 기억에 남는 친구가 있을까요?

돌이켜보면 장애묘 쏙스가 저에게 많은 영향을 주었습니다. 인천수의사회에서 구조된 제스, 화이트, 레드, 강릉보호소에서 구조된 에일이와 진저, 그리고 덕배, 사뿐이 등이 모두 다리에 장애가 있는 친구들이었어요. 펫숍에서 구조된 슈릉이, 제스와 블루, 레드가 모두 쏙스를 닮은 턱시도였고요. 많은 친구들이 떠오르지만 첫 구조묘였던 판도라가 기억에 많이 남습니다. 지금은 아픈 이름이 되어서 더 애틋하고요. 판도라를 구조할 때만 해도 그 이후에 저희가 열아홉 아이를 더 구조할 거라고 상상하지 못했습니다. 판도라는 후지 마비였지만 압박 배뇨만 해주면 살아가는 데 아무 문제가 없는 너무나 사랑스러운 아이였는데도 처음 간 병원에서는 안락사를 권했습니다. 아마 시 보호소 아이였기 때문이었던 것 같았습니다. 그 당시 병원에서는 왜 해외에 있는 제가 이렇게 중증 아이들을 구조해서 살리려고 하는지 이해하지 못하더군요.

두 번의 대수술을 받으며 사경을 헤매다 2년의 임시보호 기간을 보내야 했던 판다, 생사를 오가는 횡격막 탈장 수술과 골반골절 수술을 받았던 유이, 분쇄골절로 인해 다리 장애가 있는 레드, 안구 돌출에 대퇴골두도 제거해야 했지만 지금은 시애틀에서 왕처럼 살고 있는 돌고래까지 많은 아이가 있었습니다. 모두 입양까지 오랜 기간이 필요했지만 지금은 모두 좋은 곳으로 입양 가서 행복한 나날을 보내고 있습니다. 그리고 세상을 떠난 아이들도 제 마음속에는 특별하게 남아있습니다. 단비, 진저, 루이, 그리고 코코넛, 이 아이들은 할 수 있는 치료를 다 했음에도 살리지 못했습니다. 함께 구조됐던 아이들은 잘 살아가고 있어서 그런지 더 안타깝습니다. 그래서 떠난 아이들을 오래 기억해 주려고 다른 후원인 두 분과 함께 서울숲에 이 친구들을 추모하는 기억의자를 기부했습니다.

'나의 친절하고, 다정하고, 따뜻한 고양이' 활동을 진행하실 때 보통 어떤 방식으로 구조, 모금, 입양홍보를 진행하셨는지 궁금합니다.

구조는 제가 구조하고자 하는 아이들을 대화방에 먼저 제안을 하였고, 결정이 되면 시 보호소와 통화를 하고 전체적인 병원 이동과 치료 등을 한국에 계신 분들과 의논을 해서 진행을 했습니다. 저는 해외에 있어서 주로 시 보호소 관계자분들이나 병원 선생님들과 통화를 하거나 이동봉사자분을 구하는 등 전반적인 스케줄을 조율하며 전화나 메시지로 할 수 있는 일을 하면서, 모든 구조작업의 기록을 소상히 남겼습니다. 한국에서는 저의 구조작업을 도와주셨던 두 분께서 임보처나 병원 방문 등을 해주셨고, 치료방법이나 모금 문제 등 중요한 일들에 있어서는 늘 함께 의논하며 결정을 내렸습니다.

처음에는 제가 사비로 모든 비용을 다 지불하다가 구조된 아이들의 숫자가 많아졌을 때는 모금을 한시적으로 받았습니다. 저는 계속 돈을 영국에서 송금하였고요. 모금이 끝난 후에도 끝까지 함께하고 싶다고 후원금을 보내주시는 분들이 몇 분 계셨습니다. 함께 구조작업을 하셨던 다른 두 분과 제가 보여주고자 했던 것은 묵묵히 걸어가는 모습이 아니었나 합니다. 저희는 구조된 아이들을 끝까지 치료하며 모두 입양을 보내기 위해 최선을 다하였습니다. 입양홍보는 인스타, 카페, 개인적 친분 등 여러 가지 할 수 있는 모든 방법을 동원하여 하였습니다.

활동하실 때 사람들과 느슨하게 연대하는 것도 중요하고, 무엇보다 치료비 등 활동비 후원도 꼭 필요할 것 같습니다. 후원을 받고 증빙을 하는 과정에서 중요하게 생각하신 포인트가 있으신지요.

저희 구조팀이 구조작업을 하는 동안에도 선택했던 방법은 할 수 있는 한 최대한 투명하게 모든 것을 공개하는 것이었습니다. 판다의 영국 입양이 코로나로 일 년 이상 지연되면서 구조작업 마무리가 무기한 지연되는 동안에도 계속 저희는 회계 내역을 공개했습니다. 공식적인 후원금을 받지 않은 지 2년이 넘었지만, 계속 끝까지 내역을 공개하고 판다의 영국 입국과 동시에 회계장부를 투명하게 0원으로 만들어 보여드리는 것이 중요하다 생각했습니다. 그리고 예전에는 제가 기부했던 내역을 언제나 밝히지 않았었지만, 후에는 제가 기부했던 내역도 함께 올렸습니다. 저는 어떤 일에도 흔들리지 않으면서, 계속 묵묵히 기부하고 있다는 것을 보여드리고 싶었습니다.

활동을 하다보면 어려움이 있었을 것 같은데요. 지속적인 활동을 위해서 필수적인 것은 무엇이라고 생각하시나요?

우선 개인 구조자가 모든 것을 떠맡는 비합리적 구조가 개선되어야 하지 않을까 합니다. 개인 구조자의 헌신을 숭고하다는 말로 표현하며 넘어가기에는 이분들의 희생이 너무 큽니다. 작게라도 구조팀이 구성되어 시스템화되어야 한다고 생각하고, 조금 더 규모가 커지면 투명한 기부문화를 바탕으로 지속적인 구조활동이 이루어져야 할 것입니다. 사실 이미 한국의 많은 구조단체가 가지고 있는 시스템인데요. 다른 점이 있다면 영국은 기부가 전 국민적인 차원에서 이루어지고 있다는 것입니다.

우리 지역 야생동물 보호소는 일부 관심있는 후원자가 아닌 지역 주민 대다수에게 기부금과 기부물품을 지원받고 또 전적인 지지를 받고 있습니다. 자원봉사자도 백여 명이 오고갑니다.

기본적으로 자기 지역에 살고 있는 아픈 동물을 도와줘야 한다고 생각합니다. 왜냐하면 동물도 우리 이웃이기 때문입니다.

미국　　플랫부시 캣츠　　Flatbush Cats

www.flatbushcats.org
instagram @flatbushcats
YouTube @Flatbush Cats

미국 뉴욕 브루클린에서 활동하는 작은 봉사 단체인 플랫부시 캣츠(Flatbush Cats)의 홈페이지 대문에는 "Cats don't belong on the street."라는 문장이 적혀 있다. 고양이들은 길에 속한 존재가 아니라는 의미이다.

플랫부시 캣츠는 FAQ(자주 묻는 질문)에서 단체에 대해 이렇게 설명한다.

"우리는 모든 요청에 답할 자원이 없는 작은 단체입니다. 플랫부시 캣츠는 동네고양이의 개체 수를 조절하고 줄이기 위한 목적으로 활동하는 TNR 중심의 구조단체입니다."

플랫부시 캣츠는 주변의 동네고양이 관련 문제로 고민하는 사람들을 위해 TNR 방법을 가르쳐주는 무료 온라인 워크숍을 진행하고 있다. (현재는 잠시 중단 상태이다.) 이에 대해 설명하며 동네고양이 중성화 후 관리까지의 활동을 말하는 TNRM(Trap-Neuter-Return and Monitor)이라는 용어를 사용하기도 한다.

플랫부시 캣츠는 다양한 SNS를 이용하여 활동하며, 그 중에서 유튜브와 인스타그램을 주로 사용한다. 고양이 TNR 강의부터 사회화하는 방법, 최근 구조한 고양이들 근황 등 다양한 소식을 올리고 있다.

CATS DON'T BELONG ON THE STREET.

밥과 물

글·그림 다니
instagram @danisownroom

자동차

보닛에 흠집 내지 말고
썩 꺼져!

헉! 재수없게
웬 고양이

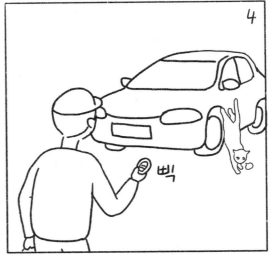

삑

magazine tac!

SNS와 고양이

발행인	포도
편집장	포도
편집	다니, 포도, 무무
교정	무무
디자인	봉우곰스튜디오 bongugom.com
사진	홀리, 헌이비, 포도
일러스트레이션	포도
커버	하루 혹은 노랑이라고 불리는 크림이
필진	포도, 다니, 무무, 헌이비, 메튜, 김희주, 정주희, 김화용, 김헵시바, 권나미, 이진, 탐구생활(유재윤), 채은영

초판 1쇄   2021년 12월 28일

인천시 중구 신포로23번길 80 207호 〈매거진 탁!〉 캣퍼슨 사무실

magazine.tac@gmail.com

등록번호 인천중 사00005

등록일자 2021년 6월 24일

copyright. 2021 *magazine tac!*

〈매거진 탁!〉에 실린 글, 그림, 사진 등의 콘텐츠는 〈매거진 탁!〉의 허락없이 절대 사용할 수 없습니다.

ISBN 979-11-974940-1-7

ISSN 2799-2845

인천문화재단 IFAC
INCHEON FOUNDATION FOR ARTS AND CULTURE

문화예술
특화거리 점점점

본 잡지는 인천광역시와 (재)인천문화재단의 후원을 받아 문화예술특화거리 점점점 사업으로 선정되어 발간되었습니다.